왜냐고
묻지 않는 삶

Alexandre
Jollien

왜냐고
묻지 않는 삶

**한국에서 살아가는
어떤 철학자의 영적 순례**

**알렉상드르 졸리앙
성귀수 옮김**

Vivre
Sans
Pourquoi

인터하우스

로미나 아스톨피에게,
베르나르 신부님께.

스위스의 가톨릭 구도자가
한국의 불교를 만나러 온 인연

졸리앙-혜천을 만나다

6년 전 스위스 출신의 졸리앙-혜천(이후부터는 줄여서 혜천이라
고 쓴다)의 이메일을 처음 받았을 때 그분이 누구인지, 예를 들어
얼마나 유명한 저술가이자 강연자인지 필자는 전혀 몰랐다. 그
분은 아주 겸손하게 자기는 책도 쓰고 강연도 하면서 생계를 잇
는 장애인이라고 말했을 뿐 전 세계에서 얼마나 유명한지에 관
해서는 말하지 않았다. 필자는 한국에서 살면서 불교와 그리스
도교의 만남을 연구하는 전문가이기 때문에 한국뿐만 아니라
영어권·프랑스어권 나라에서도 이러한 연락을 종종 받는다. 혜
천님도 그러한 사람 중의 한 분이라고 생각했을 뿐이다. 더구나
엄청 유명한 이 분과 장차 깊은 인연을 맺게 될 것임을 도저히

예감할 수 없었다.

　혜천 님은 필자가 1998년에 신간『고타마 붓다를 만난 예수 그리스도님(Jésus le Christ à la rencontre de Gautama le Bouddha)』을 출간하고 출연한 '라디오 프랑스(Radio France)'의 인터뷰를 그로부터 몇 년 후 인터넷 다시 듣기로 청취한 뒤 연락을 주었다. 그분은 불교와 그리스도교의 만남에 관심 있는 가톨릭 신자로서 꼭 필자와 만나고 싶다고 했다. 그것은 아마 21세기의 종교적 특징인 불교와 그리스도교의 만남이 인류 역사상 거의 처음으로 서유럽만이 아니라 한국을 비롯해 전 세계에서 바야흐로 시작되었기 때문일 것이다.

　서강대학교 종교학과에서 2005년 봄부터 불교를 가르쳐 온 필자는 학술 활동과 수행 프로그램을 진행하기 위해 방학마다 빠짐없이 유럽이나 북아메리카를 방문하고 있다. 2011년 1월에는 벨기에의 지방 도시인 나무르(Namur)에서『육조단경 돈황본』에 관한 2박3일짜리 프로그램을 진행했는데, 이 자리에서 혜천 님을 처음 만나 뵙게 되었다. 그분은 태어날 때 탯줄이 목을 졸랐고 이로 인해 생긴 산소 부족 때문에 뇌가 무척 힘들 수밖에 없는 상황을 겪었다. 그렇기 때문에 철학자로서의 정신이 보통 이상으로 맑음에도 불구하고 어릴 때부터 움직이거나 말하는 데서 여러 가지로 신체적인 불편함을 느껴 왔다. 그것에는 참선 수행할 때의 자세도 포함된다. 반가부좌는 물론 의자에 편안하게 앉는 것도 매우 어려워 할 정도다. 그걸 본 필자는 처음부터 말씀드렸다. "누워서 하셔도 돼요." 그때부터 필자는 장애인의 몸과 심리에 알맞은 수행법을 찾기 위해 노력해왔다. 역시 나무르의 수행 프로그램을 마치고 나서 혜천 님은 필자에게 동반자가 되어 달라고 부탁했다. 필자는 앞으로 일어날 일들이 무엇일지 전혀 모르는 채 분명히 "예"라고 답했다. 이때 비로소 혜천 님은 '무문관無門關'의 화두 과정 안으로 들어갔다. 우리는 필자가 한국에 있을 때는 매주 국제전화로 화두 과정을 점검하고, 필자가 서유럽이나 북아메리카에 머물 때는 직접 만나 뵈면서 점검했다.

스승이 되어 달라

그러던 중 필자는 본의 아니게 혜천 님의 스승이 되었다. 왜 그분과 깊은 인연을 맺게 되었는지는 아직도 모른다. 그런데 그분의 책 제목인 『왜냐고 묻지 않는 삶』의 정신대로 산다면, 그 의문도 제기하지 않은 채 그 인연을 그냥 인정해야 하겠다. 그리스도인의 정신대로 주님의 심오한 역사하심으로 받아들이거나, 불교의 정신대로 (몇 겁에 걸친) 인연으로 받아들이거나, 모든 종교적 틀을 벗어나서 그냥 그렇다 하면서 받아들이면 되지 않을까 싶다. 『금강경』에서 말하듯이 머무르는 바 없이 마음이 일어나는(응무소주應無所住 이생기심而生其心) 것이거나 아무도 끝까지 언어화하지 못하는 궁극적 이치에 생로병사의 이치를 포함해 인생 전체를 맡기는 것이다.

2012년의 어느 날 혜천 님이 필자에게 "온 가족과 함께 한국에 가서 일 년 동안 살고 싶다"고 말했다. 필자는 '왜 그러실까?' 궁금해 하면서도 반대하지는 않았다. 알고 보니 유명세 때문이었던 것 같다. 하도 유명해진 그분과 부인 코린(Corine)-혜원 님과 큰딸 빅토린(Victorine)-혜진(11세), 둘째 오귀스탱(Augustin)-혜민(10), 막내 셀레스트(Céleste)-혜선(5)이 서유럽에서의 기존 생활 틀로부터 얼마간이나마 완전히 벗어나고 싶었기에 스승이 살고 있는 한국에 와서 안식년을 보내듯이 살고 싶다고 했다(처음에는 아이들이 '어디 있는지도 모르는 나라에 왜 가느냐?'며 울면서 반대했지만 한국의 초등학교와 유치원에 다니는 지금은 오히려 이곳에서 떠나고 싶은 마음이 전혀 없다). 사실 아주 유명해진 채로 살아가는 것은 결코 쉬운 일이 아니다. 무명으로 살아가는 평범한 사람들은 모르지만, 누구나 다 소화할 수 있는 삶이 아니다. 유명한 만큼 사람들의 기대도 크기 때문이다. 당연히 그 기대를 맞출 수 있을까 하는 게 고민거리가 될 수 있다. 2010년에 서강대학교 물리학과의 아주 유명한 학자로 노벨상 수상에 근접해 있다는 평가를 받던 이성익 교수님이 자택인 서울 마포구 아파트 12층에서 투신자살을 했는데, 남기신 유서만 봐도 그걸 알 수 있다. '큰 논문을 내야 하는데 그러지 못해 힘이 든다. 가족과 대학생들, 구성원에게 미안하다.' 그것은 그렇고 어느새 혜천 님이 가족과 함께 서울에서 사는 삶이 세 해째 이어졌고, 그간 경기도 여주 산골에 자리 잡고 있는 (사)도전돌밭공동체를 창립하는 데 여러 모로 상당한 힘이 되었다.

서구 문명에서는 젓가락 문화권에 비해 평등주의의 뿌리가 깊기 때문에 사제 관계 이야기를 쉽게 꺼내는 편이 아니다. 마찬가지로 연세가 얼마인지 자꾸만 확인해 선후배 관계로 서열(?)을 따지지도 않는다. 그래서인지 필자는 혜천 님의 스승이면서도 본의 아니게 혜천 님이 필자의 스승이 될 때가 없잖아 있다. 그것은 아마도 부모가 자기 자녀의 아버지와 어머니임에도 불구하고 결국엔 당신들의 피교육자인 자녀들로부터 배우는 이치와 유사하지 않을까 싶다. 자녀들이 자기도 모르게 어떤 순간에는 '부모님의 부모'처럼 되는 것과 비슷하지 않을까 한다.

　젓가락 문화권에서는 체면을 중시하는 경향이 굉장히 강하다. 사제관계에서도 그렇다. 그런데 혜천 님은 무언가 아니다 싶으면 그 자리에서 단도직입적으로 사실대로 소신을 피력해 상대방을 일깨워 주는 힘을 갖고 있다. 그러면서도 혜천 님은 당신 체면에 관해서는 별로 신경 쓰지 않는다. 그렇기 때문에 스승으로서 강하게 말하는 것도 다 받아들인다. 지상에서 혜천 님만큼 꾸밈없이 사는 사람을 다시 또 찾기란 어려울 것이다. 이 특징은『왜냐고 묻지 않는 삶』을 포함해 혜천 님의 모든 책에서 두드러지게 보인다.

　혜천 님을 만나기 전까지, 수많은 사람이 필자에게 제자가 되고 싶다고 부탁했음에도 불구하고 필자는 혜천 님을 제자로 접하면서부터 스승으로서 기존에 갖고 있던 경험과 관념, 사고틀을 완전히 포기해야 했다. 바꾸어 말해, 혜천 님이란 제자를 지도하기 위해 필자는 그때까지 터득한 교육 이념을 완전히 떨쳐 버렸다. 새로운 교육법, 즉 기성의 것이 아닌 혜천 님에게 적합한 눈높이 교육법을 발명해 적용할 수 있는 창의력이 끊임없이 요구되었다. 지금까지도. 이로 미루어 소위 피교육자가 얼마나 이른바 교육자가 되고 마는지 알 수 있지 않을까 싶다.

스승과 제자 관계에서는 무조건적 신뢰가 가장 중요한 것 같다. 제자가 아무리 힘들어도 스승이 자신을 일깨워 줄 수 있다고 믿어야만 되듯이, 스승도 자기가 아무리 힘겹더라도 이 제자를 일깨워 줄 수 있다고 믿어야만 된다. 그러한 신뢰는 서로에 관한 끝없는 존경심과 지혜가 가득한 애정을 포함한다. 그 지혜로운 애정은 각자 안에 숨어 있는 인간의 바탕인 진리가, 신이라고 하건 불성이라고 하건 도라고 하건, 끝까지 나타나도록 이끌어준다. 결국 참다운 스승이야말로 오로지 궁극적인 바탕뿐임을 알게 되어 점점 그 바탕과 합일合一을 이룬다. "제자는 스승보다 높지 않다. 그러나 다 배우고 나면 스승처럼 될 것이다"(「루가[누가] 복음」, 6장 40절). 그 이치대로 살수록 온 누리와 나누고 싶어지는 지혜와 함께 자비심과 기쁨과 평화가 생기는 법이다.

혜천 님은 태어날 때 겪은 뇌의 산소 부족으로 인해 그렇지 않은 사람들에 비해 더 많이 고생하면서 살아서 그런지, 엄청나게 뛰어난 통찰력을 보여 준다. 그것은 대개 대다수 사람들이 전혀 갈피를 잡지 못하는 상황에서 빛을 발한다. 혜천 님은 그러한 상황을 기막히고 예리하게 파악해 철학적으로나 심리적으로나 핵심을 간결하게 찔러 언어화할 수 있는 힘이 있는 천재다.

필자가 20여 년 전부터 선 수행을 해오고 있는 (사)선도성찰나눔실천회(선도회)의 으뜸 법사이신 박영재 법경 노사님이 늘 상기시키듯이 "No Pain, No Gain(아픔 없이 성취도 없다)." 혜천님은 우리가 진짜 정신적으로나 영적으로나 강해지고 자유로워지기를 바란다면 우리의 약함과 아픔을 끝까지 인정해야만 된다고 가르치신다.

2015년 12월 5일 서명원-천달-Bernard SENÉCAL S. J.

(서강대학교 종교학과 교수, 예수회 사제)

차례

일러두기

이 책의 성서 인용은 대한민국 가톨릭과 개신교가 공동으로 구성한 성서공동번역위원회 편찬 『공동번역성서』(1977년)를 기반으로 하여, 한국 천주교 주교회의에서 최종 확정한 신구약 공동 번역본 『성경』(한국천주교중앙협의회. 2005년)을 토대로 한 것이다.

머리말

이 일기를 시작하면서, 나는 세상 여기저기 고통받고 있는 사람들을 잊지 않겠다며 마음을 다잡는다. 얼마나 많은 남녀가 살날이 별로 남지 않았다는 사실 앞에서 좌절하는가. 얼마나 많은 아이들이 굶주림으로 죽어가는가. 또 병원에서는 얼마나 많은 환자들이 숱한 통증을 고스란히 견디고 있는가. 참으로 수많은 인간들이 어마어마한 비탄 속에 몸부림치고 있다. 왜냐고 묻지 않는 삶으로 들어가는 것은 무엇보다 이웃을 돌아보는 것이고, 남에게 헌신하는 것이며, 이 고통의 바다에 사랑과 기쁨을 조금이나마 보태려고 애쓰는 것이다.

누구나 운명적인 도약을 시도할 때가 되면, 자기가 가진 모든 가능성을 동원하기 마련이다. 일상의 제약들을 차례차례 벗어 던지고, 매일 스스로를 소진시키면서, 자신의 모든 것을 더욱더 열심히 쏟아 붓는다. 그만큼 영적 수행은 대충주의나 즉흥적 시도를 용납하지 않는다. 나 역시 모든 것을 벗어 던지고, 가족과 함께 서울로 향했다. 당시 나는 스승이 필요했는데, 내가 처한 난관의 크기를 감안하면 그것도 아주 든든한 스승이어야 했다. 나는 심각한 불만상태와 진정으로 '내려놓는 삶'의 어려움, 몸과 따로 노는 생활에 시달리고 있었다. 지난 10년 가까이 아침에 눈만 뜨면 똑같은 말이 입안을 맴돌았다. "지긋지긋해." 마음을 비운 순수한 사랑이 여전히 멀게만 느껴지는 것은 말할 필요도 없었다. ……

나는 영적 스승을 간절히 찾아 헤맸다. 그리고 그를 아시아의 머나먼 나라에서 발견했다. 만약 그가 아비장코트디부아르의 최대 도시이나 예루살렘, 페스모로코의 가장 오래된 이슬람 도시 또는 태양 아래 다른 어디에든 살았다면 우리 가족은 지금 마포의 15층 아파트 꼭대기에 없을 것이다. 길을 인도해줄 사람이 지극히 어진 마음과 심오한 지혜의 소유자여야 한다는 것을 나는 가슴으로 느끼고 있었다. 이를테면 가톨릭 사제면서 동시에 선승禪僧인 인물. 그런 존재가 아무데서나 쉽게 마주칠 리는 없다.

내게서 떠나본 적이 없는 신에 대한 믿음은 불교를 만나면서 강력한 도약을 경험했다. 나는 대화를 심화시키고 싶었다. 선禪은 하루하루 나를 몸으로, 침묵으로, 평화로, 더 단순하고 덜 기계적인 삶으로 이끌고 있다.

벨기에에서 묵상과 복음 말씀을 위한 피정避靜 중에 훗날 나의 스승이 될 분을 알게 되었다. 그때부터 나는 진정한 금욕수행을 시작했고 해방의 여정에 뛰어들었다. 내가 선택한 수행법은 언어를 불신한다. 따라서 철학자는 입을 다물고 자신의 이론을 떠나 내면 깊숙이, 심연의 바닥으로 내려가는 법을 배워야 한다. 신부님은 내게 매일 좌선坐禪을 하고 기도로 삶의 깊이를 더하면서 복음서를 열심히 읽으라고 조언해주었다. 험난하고 황량하기까지 한 크나큰 모험은 그렇게 시작되었다. 먼저 대패로 모든 걸 평평하게 밀어버리는 것, 때를 닦아내고, 온갖 지표指標와 지금의 거짓 안정을 포기하는 것이 문제였다. 막상 길에 오르자 어떤 황홀경도 깨달음도 없었다. 단지 마음의 동요와 두려움이 지나가게 그냥 내버려두라는 말씀만 갈수록 생생해졌다. 하느님 안에 더 적극적으로 나를 던지라는 나날의 부름까지.

지금 우리 가족은 한국의 수도 한복판인 대흥동에 살고 있다. 여기 도착하고 나서 처음 맞은 '따귀'의 기억이 아직도 생생하다. 짐을 풀자마자 나는 스승님을 만나러 달려갔었다. 함께 오랜 시간 걸으면서, 나는 그간 겪은 어려움을 털어놓으려고 했다. 한데 그분은 아직 갈 길이 멀다는 투로 근엄하게 말씀하시는 거였다. "알렉상드르, 말言은 자네를 지치게 만드네. 침묵을 유지하게. 절실할 때만 그걸 깨트리는 거야." 어떻게든 위로 좀 받아볼까 하고 9천 킬로미터를 날아왔건만. …… 때를 닦아내는 작업은 그렇게 시작되었고, 진정한 위로란 안에서 우러나야 한다는 것을 그때 깨달았다!

그러면서 매주 열세 시간씩 명상을 시작했고, 월요일마다 성체조배를 하면서 그 신비를 일상 속 하느님의 생생한 현시로 받아들였다. 선禪은 나에게 어떤 몸짓도 예사로운 것이 아님을 가르친다. 일체가 신과의 합일에 이르는 길이 될 수 있는 것이다. 그 외 시간은 나도 생활을 하고, 아이들을 돌보고, 글을 쓰고, 좌선을 하고, 또 항상 기도한다.

복음은 내게 확실한 하나의 방향을 제시해주고 있다. "누구든지 내 뒤를 따라오려면, 자신을 버리고 날마다 제 십자가를 진 채 나를 따라야 한다"[1]는 말씀. 그런데 이렇게 글을 쓸 때면 왜 자꾸 '나라는 존재'를 들먹이게 되는 걸까? 이런 고백의 형식에 이르기까지 거의 모든 글이 나라는 존재로 채워진다. 사실 나는 완전히 의기소침할 때가 아니면 언제나 영혼의 고통과 장애라는 조건을 일종의 소명이랄까, 세상을 체험하는 하나의 불가피하고 혹독한 방편으로 간주해왔다. 거칠게 표현하면, 나는 일종의 모르모트인 셈이다. …… 그러면 '나라는 존재'는 결코 혐오스럽지 않은, 수행修行과 고행苦行, 심오한 발전이 아주 구체적으로 이루어지는 영적 작업실이 되는 거다.

"장미는 왜냐고 묻지 않는다. 꽃이 피니까 피어날 뿐이다. 자기 자신을 위해 어떤 걱정도 하지 않으며, 내가 어떻게 보일지 궁금해하지도 않는다."[2] 바로 그 장미를 따라하는 심정으로 나

는 닻줄을 풀고 좀 더 넓은 바다로 나아갈 것을 결심했다. 제로
(0)부터 다시 시작하기로.

　왜냐고 묻지 않는 삶. 그것은 '나중에 대한 강박'으로부터의
벗어남이다. 타인의 시선에 좌우되지 않으면서 존재하는 법을
배우는 것. 무엇보다 현실을 온몸으로 겪으며 살아내는 일. 그것
이 바로 이곳에 체류하는 우리의 최대 관심사다! 지금이야말로
중요한 도약을 시도할 때이며, 물에 뛰어들어, 왜냐는 질문의 도
움 없이 삶을 결행할 때다. ……

　그렇게 밟아온 영적 순례의 중요한 국면들은 다행히 내게
새로운 충격과 더불어 많은 변화를 가져다주었다. 이 책은 그
모험의 결실들을 담은 보잘것없는 여행일지다. 일상의 부식토
속에서 그리스도와 부처님을 따르고자 한 욕망이 그 모두를 낳
았다.

부처님과 예수님의
돌보심

이곳에서 내가 걷는 길은 쉽지도 않고 안락하지도 않다. 한쪽에서는 불교신자들이 내가 온전한 불교신자가 아니라며 불만을 표한다. 예수라는 사람으로 인격화된 신을 믿다니 이해할 수 없다는 것이다. 다른 쪽에서는 일부 기독교 신자들이 내가 부처의 행보를 따름으로써 양다리를 걸치고 있다며 혹독한 비난을 쏟아낸다. 예수님이 "나는 길이요, 진리요, 생명"[3]이라고 말씀하지 않느냐는 것이다. 그러던 어느 날, 한 젊은 친구가 해준 말은 내 고민을 말끔히 씻어주었다.

"그래? 거 참 든든하겠네! 내가 보기엔 전혀 걱정할 필요 없겠는걸! 부처님도 예수님도 당신을 보살펴주실 테니까 말이야."

• • •

네 가지
고귀한 진리

마치 약물중독자가 안정을 찾기 위해 주사 한 대를 미친 듯이 갈구하듯, 나는 닥치는 대로 책을 읽어왔다. 그런데 인생의 의미에 관하여 의문을 제기하는 「전도서」⁴를 접하자 모든 인위적 위로의 덧없음, 허망함, 무효함이 가슴을 치면서 그러한 중독 증세가 말끔히 가시는 것이었다. 내게 있는 약간의 평화, 불치의 병을 자각하고 있는 환자로서 느끼는 이 평정심은 온전히 『구약성서』의 바로 그 책을 읽은 덕이다.

모든 것이 흘러가 버리고 모든 것이 변하는 가운데, 희망이 산산조각 나 사방으로 흩어지면서 생긴 내 안의 텅 빈 공간으로 묘한 이완감이 기적의 열매처럼 자리 잡았다. 오랜 기간, 나는 밤낮 없이 이런저런 해결책을 모색하며 살아왔다. 하지만 눈을 씻고 찾아도 그런 건 없었고, 그 점이 오히려 내게 위로가 되어 주었다. 나는 장애인이고, 그건 어쩔 수 없다는 사실! 믿을 수 있겠는가? 장애를 어찌 할 수 없다는 사실이 상상하기 어려울 만큼 나를 편안하게 만들어준다는 얘기다. 만약 이 몸이 나을 거라는 눈곱만치의 가능성이라도 있었다면, 나는 아마 사방팔방 쫓아다니며 난리를 피웠을 것이다. 조금이라도 더 밝은 빛을 찾아 헤집지 않은 곳이 없었을 터다. 접골사, 약장수, 주술사, 마술사까지, 온갖 부류의 돌팔이들을 만나고 다녔을 거다. 하지만 나의 경우는 그럴 이유가 없다. 해야 할 일은 딱 하나, 지금 이 순간을 긍정하는 것. 체념이 아닌 긍정이라니, 이 얼마나 대단한 지혜의 경지인가! 뭔가 거북하고 불편하다는 것은 좀더 나은 운명이 가능함을 의미한다. 그땐 진득하니 주저앉아있기가 어려울 것이고, 당장 더 나은 무언가를 바랄 게 분명하다.

나는 내적인 치유를 위해 서울에 왔고, 지금은 고질적인 병에도 불구하고 즐기는 법을 배우고 있다. 요컨대, 나는 '삶의 덧없음'과 더불어 춤을 추고 있는 거다. 어떤 환자에게 그가 앓는 질병의 정체를 숨기고 치료효과를 왜곡하는 것은 위험한 짓이다. 인간이라는 불치병 환자에게 「전도서」와의 만남은 강장효과 만점인 유쾌한 치유책이다.

「전도서」를 통해서 나는 네 가지 진리를 배웠다. 첫 번째 진리는 아주 유명하다. "허무로다, 허무! 모든 것이 허무로다!"[5] 이

불같은 말씀은 나를 현실과 그 불완전성, 그 선의善意와 화해시킨다. 아침마다 부당하고 뒤틀린 세상에서 잠깨는 것을 못 견뎌하는 한, 우리는 결국 제정신을 잃기까지 계속해서 얼굴에 날아드는 '따귀세례'를 자청하는 셈이다. 그러니 온갖 사소한 일로 삶이 복잡해질 때마다 "허무로다, 허무! 모든 것이 허무로다!" 어떤 역할에 나 자신을 가두거나 남의 시선을 의식할 때마다, 어김없이 "허무로다, 허무! 모든 것이 허무로다!"

언젠가 아들이 내게 '허무'가 뭐냐고 물은 적이 있다. 그때 내가 해준 이야기는 대충 이런 거였다. "오귀스탱, 지금 네 침대 옆에 장난감이 보이지? 그 장난감도 언젠가는 망가질 거야. 아빠가 비행기를 탈 때도, 작은 문제 하나 때문에 얼마든지 큰 사고가 날 수 있어. 우리 모두 그렇게 불완전한 세상을 살아가는 거란다. 확실한 것은 아무것도 없지. 바로 그 사실이 또한 기적인 것이고." "지금 네 장난감을 갖고 실컷 놀아라! 아빠가 살아 있을 때 최대한 아빠를 누려!" "코헬렛은 말했지⁶. 세상만사가 수증기나 연기처럼 덧없는 것이라고. 비누거품은 막상 붙잡으려고 하면 그 즉시 터져버리지. 다들 이렇게 멀쩡히 살아있는 것 자체가 기적이야. 살아가면서 스트레스에 시달리든 시달리지 않든, 걱정을 하든 말든, 우리는 모두 죽어갈 운명이란다! 그러니 놀 때만이라도 최대한 즐겁게 놀아야 해! 괜한 짜증 부리느라 시간낭비 하지 말고. 특히 이웃에게 너그러워져라! 언제 멈출지 모르는 세상을 살아간다는 것은 누구에게도 쉬운 일이 아니야. 그런 만큼 남들과 잘 지내야 해. 따지고 보면 세상사람

모두가 같은 배를 탄 입장이니까."

「전도서」를 읽으며 내가 터득한 두 번째 진리 또한 널리 알려진 구절이다. "모든 것에는 때가 있다."[7] 세상 그 무엇도 영원히 고착되어 있지 않으며, 영원은 순간 속에서 구현된다. 웃을 때가 있고, 울 때가 있다. 만약 내가 웃으면서 웃을 일이 끝날까봐 지레 걱정하거나, 울면서 울 일이 계속될까봐 두려워한다면, 그 두 경우 모두 나는 손해나는 짓을 하고 있는 셈이다. 괴로움에 괴로움을 추가한다고나 할까. 「전도서」는 만사가 한시적이라는 것을 내게 가르쳐준다. 기쁨, 쾌락, 고통, 공포, 성공 ……, 모든 것이! 문제는 그 모두가 언젠가는 흔적도 없이 사라진다는 사실이 아니라, 순순히 그렇게 사라지게끔 두고 볼 줄 모르는 나에게 있는 거다. 이에 대한 진단이 가슴에 와 닿는다. 즉, 일체가 허무다. 존재의 매순간이 덧없이 사라지니, 거기에 집착할수록 나는 더욱 더 괴로워진다.

이로써 중요한 수행의 원칙 하나가 생겨나는데, 이른바 '무집착無執着'의 실천이 그것이다. 과거에 매달리지 않는 것. 그리하여 몸과 마음을 다하여 순간을 살고, 순간을 통해 끊임없이 새로 태어나는 것이다.

세 번째 고귀한 진리는 이 세상에 의로운 인간은 지극히 드물다는 사실[8]을 전제한다. 내가 알기로, 서울에는 「전도서」의 이런 가르침에 충실한 사람이 적어도 한 명은 확실하게 있다. 언젠가 나는 친구를 사귈 수 있도록 도움을 달라고 스님 한 분에게 청한 적이 있다. 그분은 딱 잘라 이렇게 대답하셨다. "부질없이 친구 만들어봤자 자네만 힘들어져." 그분 설명은 대충 이런 것이었다. 남자든 여자든 내적인 각성이 부족한 사람은 마치 선인장과도 같아 매우 위험하며, 그런 사람과 세상일에 얽히다보면 가시에 찔리는 건 시간문제라는 것이다. 이 선인장의 이미지가 사람을 그리워하는 증상에 대한 면역력을 키워주지는 못했다. 대신 다가오는 사람들에게 나의 기대와 상처로 부담 주는 짓을 그만두는 것은 물론, 필요가 아닌 순수한 애정으로 사람을 만나게끔 나를 일깨워주는 효과는 충분했다. 아무 대가 없이, 왜냐고 묻지 않는 만남. 남의 마음에 들고자 하는 욕망, 권력의지를 내려놓고 '선인장의 숲' 속에 보다 편안히 거주하는 것만큼 흥미진진한 고행수련이 또 어디 있으랴!

네 번째 고귀한 진리는 두 번째 진리에서 나온다. 「전도서」가 열심히 반복해서 말하듯, 태양 아래 살아있음을 즐겨야 한다.[9] 존재한다는 단순한 기쁨을 누려야 하며, 아내와 아이들을 품는 행복, 먹고 마시는 즐거움을 만끽할 줄 알아야 한다. 얼추 보면 원론적인 이야기다. 그러나 세상 거의 모든 것이 그에 역행한다. 마음속의 불만, 만사를 그르치는 정신, 두려움, 비교 강박, 소박하고 자연스러운 삶에서 우리를 자꾸만 떼어놓는 노이로제 등등.

"인간 안에는 사랑, 고통, 불안, 욕구가 존재한다. 하여, 무수한 우주를 소유한 인간이 안정과 휴식을 누릴 리 없다. 사람들은 온갖 직종에 종사하고, 각종 거래를 하며, 의학, 천문학 등 숱한 학문에 매진한다. 그럼에도 목적을 이루지 못하기에 누구도 안식을 취하지 못하는 것이다."[10] 페르시아의 신비주의자 루미의 말씀이 부디 나를 진정시켜주기를!

잘못된 길을 가고 있음을 깨닫는 것, 그것은 이미 자유로움을 뜻한다.

잘못된 길을 가고 있음을 깨닫는 것,
그것은 이미 자유로움을 뜻한다.

· · ·

발가벗고
나아가다

어마어마한 도전이다. 조금 덜 기계적이고, 더 단순하며, 더 자연스럽고, 더 자유로운 삶을 살고자 노력하는 일. 사람들에게 다가가고, 에고(ego)를 죽이며, 과감하게 나를 내려놓는 일. 그래, 뚜벅뚜벅 걸어가는 거다! 무엇보다 하느님 안에 나를 던져야 한다. 왜 우리는 항상 '신神' 하면 껄끄럽기만 한 양심의 가책이나 단죄하는 심판관을 떠올리는 걸까? 13세기 도미니코 수사인 마이스터 에크하르트가 말하는 '젖소' 같은 존재 말이다.[11] 도대체 무슨 심보로 그리스도의 메시지를 왜곡하는가? 정녕 신이 존재한다면, 나는 그가 우리를 자유롭게 해주고 죄의식을 시원스레 거두어줄 분일 것 같다. 처음에 내가 지고한 존재를 염두에 두고 기도할 땐 마치 벽에 대고 말하는 끔찍한 기분이었다. 그러던 중 그분이 "나 자신보다 내게 더 내밀한 존재"라는 성 아우구스티누스의 말씀을 접한 거다.[12] 그 후로 선禪을 공부하면서, 말하기보다는 조용히 귀 기울이는 법을 터득하게 되었다. 이제 잠자리에 누우면 몸은 곤죽이 되어 피곤하고 목덜미는 여전히 뻣뻣하지만 그분이 함께하심을 느낀다. 삶을 이리저리 끼워맞추려고 고생만 하는 나를 무한한 사랑으로 바라보시는 게 분명하다. 하루하루 드잡이하며 살아가는 작고 보잘것없는 이 내 모습 앞에 그렇게 웃고 계신 거다.

기도한다는 것. 그것은 심판의 두려움 없이 발가벗고 나아간다는 것, 일상을 즐겁고 자신감 넘치는 눈으로 바라본다는 것을 뜻한다. 바로 아이처럼 장난기 가득한 눈빛으로 말이다. 나를 온전히 내던져 행동에 뛰어들려면 자신을 꽁하니 들여다보는 짓을 멈추어야 한다. 샤워할 땐 쏟아지는 물줄기를 감사의 마음으로 만끽하는 게 우선이다. 이 몸뚱이를 고마워하며 씻자. 아무것도 예사로운 것은 없다.

. . .

우리는
결정권자가 아니다

내 침대 옆 탁자에는 책 여남은 권이 아무렇게나 쌓여있다. 책을 제대로 손에 쥐어본지가 십 년이 다 되어가지만, 틈만 나면 책을 사대는 버릇이 있다. 무작정 빈곳을 채우려는 이 무의미한 욕망 ……. 유혹을 뿌리치기가 이렇게 힘들어서야! 실제로는 모든 사물, 모든 얼굴, 존재의 모든 순간을 읽을 수 있는 것을. 화장실에서도, 샤워를 하면서도, 아이들과 놀면서도 삶을 읽을 수 있는데 말이다.

상실은 무엇보다 정신의 산물이다. 가령 내가 힘들어 죽겠어도 온 세상이 나와 같다면 아무런 문제가 되지 않는다. 결핍을 만들어내는 것은 다름 아닌 비교다. 나는 기진맥진 지쳐있다. 그런데 남들은 옆에서 읽고, 쓰고, 달린다. 그럼 나는 부러워하고 시샘할 수밖에 없다. 기도한다는 것은, 옷을 벗어 던지듯 번민과 절망, 비교를 홀렁 벗어 던지는 것이다. 자유로워지는 것이다.

나는 신의 존재를 믿지만, 완고한 신앙심으로 무장한 사람이 결코 아니다. 일상에서 부닥치는 좌절이라든가 시련들, 마음을 뒤죽박죽 흔드는 격정들로 툭하면 혼자 쩔쩔매기 때문이다. 의심은 신을 우상으로 만들고 싶어 하는 유혹에서 나를 지켜준다. 나는 신이 어떤 존재인지 모른다. 좀처럼 겉으로 드러나지 않으면서 현존한다는 사실이 느껴질 뿐. 삶은 항상 우리가 인지하는 수준을 넘어선다. 우리는 결정권자가 아니다. 삶의 행로에선 우리의 탐욕과 자만심이 행복을 방해한다.

스승님과 에고의 싸움을 벌이면서, 나는 신의 뜻에 따르는 것을 일종의 결핍으로 이해하고 있는 나 자신을 문득 발견한다. 내 생각에, 신의 의지대로 사는 것은 우선 먹는 걸 줄이고, 의무적으로 공손하며, 쾌락을 거부하면서, 되도록 많은 걸 포기함을 뜻했다. 이제 보니, 신을 따른다는 것은 신의 의지를 하나의 기쁨과 활력, 도약으로 받아들이는 것이 아닌가 싶다. 매일아침 눈을 뜨고, 삶을 축복하면서도, 아무 생각 없이 "어휴, 지겨워!"라고 그냥 내뱉는 것. 내키는 대로 한숨 쉬면서도 얼마든지 행복할 수 있다는 사실, 바로 그 점이 멋진 거다! 무엇보다 자신을 좀 잊어야 한다. 주의하라! 자신을 잊으라는 것이지 아무렇게나 내깔기라는 게 아니다. 신의 뜻이란 어쩌다 닥치는 불운과 시련을 고분고분 받아들이는 것을 넘어, 아이들 웃음에 가슴 깊이 감사할 줄 아는 것을 의미한다. 어리석게도 나는 나쁜 일까지 포함해 세상 모든 일에 '아멘'을 읊조려야만 한다고 생각했다. 지금은 무난한 삶의 맛을 겸허한 마음으로 음미하기 시작하는 중이다. 신뢰 속에 다이빙하는 법을 배우고 있다.

· · ·

그냥
있어라

그 날 아침 명상하는 내내 나는 전전긍긍하고 있었다. 혹시 움직일까봐, 그래서 호된 질책을 받지 않을까 걱정하다보니, 점점 경련이 심해지고 결국 몸 전체가 극심하게 들썩이고 있었던 거다. 나는 그 유명한 글귀 "허무로다, 허무! 모든 것이 허무로다!"를 마치 만트라라도 되는 양 머릿속에서 또박또박 발음하려고 무진 애를 썼다. 하지만 소용없었고, 몸은 사정없이 흔들렸다. 결국 강박관념을 몰아내기 위해 머리로 열심히 암산을 외는 지경에 이르렀다. $4 \times 4 = 16$, $6 \times 6 = 36$ ……

이상은 나의 첫 번째 선禪 수업 모습이다. 일단 정신이 겁을 집어먹은 상태에선 이성과 의지도 별 소용없음을 그때 깨달았다. 그럴 땐 작전을 짜고, 살짝 우회해서, 주의를 딴 데로 돌릴 필요가 있다.

　지금 이곳은 완벽한 적막상태. 나무랄 데 없는 자세와 흔들리지 않는 온유한 표정, 깊은 호흡 속에 잠긴 진짜 조각상 같은 열 명의 한국 여자들. 쓰나미가 몰아친들 오랜 수행으로 단련된 이들은 꿈적도 하지 않으리라. 나는 아직 어림없다! 나는 내 영적 아버지를 흘끔거린다. 제발 산만한 이 제자의 동향을 눈치채지 못하셨음 좋겠다. 겁이 나고 사방이 쑤신다. 몸이 들썩대고 땀까지 난다. 그러다가 반짝 떠오르는 생각이 있다. '이봐 알렉상드르, 정녕 신이 존재한다면, 네가 움직이든 움직이지 않든 무슨 큰 문젯거리겠어? 설사 네 스승이 고함을 지른들, 그저 입밖으로 조금은 세찬 공기가 튀어나오는 것에 불과하잖아. 지금 너는 모든 것에서 자유로워지고, 특히 남의 시선에 대한 부담에서 벗어나고 싶은 것 아닌가?' 순간, 속에서 뭔가 탁하고 풀리는 느낌! 그리고 거대한 안정이, 깊은 평온이 물밀어온다. 내 몸은 더 이상 들썩이지 않는다. 엄청난 고생을 각오하며 바랐던 상태가 거저인 양 주어진 거다. 하지만 평화도 잠시, 준엄한 목소리가 적막을 깬다. "알렉상드르, 고작 잠이나 자려고 9천 킬로미터를 날아온 건 아닐 테지! 자네 코고는 소리가 들리는군." 하여튼 에고란 녀석은 이중적이다. 과잉반응으로 사람을 애먹이는가 싶다가도, 금세 빈둥거리면서 졸려하기 일쑤이니 …….

　4세기에 활동한 교부敎父 니사의 그레고리우스는 말했다. "수도승의 영혼은 높은 곳으로 상승할수록 더 깊이 침잠한다."

내가 모든 것을 내려놓을 때, 그것은 홀로 서기를 배우기 위함이며, 내면의 소리에 귀 기울이기 위해서다. 나는 밤낮 없이 신에게, 사람들에게 할 이야기가 있다고 생각하는 사람이다. 그런 내가 저 깊은 심연으로 내려가 모든 부담에서 벗어날 수 있을까? 바깥에서 볼 때, 명상은 완전히 정신 나간 짓과도 같을 것이다. 무려 여섯 시간 동안 꼼짝 않고 자기 호흡수를 센다든지, 줄지어 흐르는 사고를 주시한다고 생각해 보라. 존재하는 모든 것을 긍정하고, 간섭이나 치유의 욕망을 배제한 채 트라우마의 혼돈을 있는 그대로 받아들이는 것이다. 하긴 이곳에 온 이상, 혼돈은 내게 그다지 문제되지 않는다.

사사건건 직접 처리하려고 애쓰기보다는, 그냥 있어라. 이것이 내 영적 아버지가 주신 첫 번째 화두다. 그러면서 그리스도의 자유를 상기시켜 주셨다. 내가 그리스도를 조금이나마 닮는다면, 이 삶의 경쾌함과 여유를 실감하게 될 거라는 말씀이다. 혹여 세상 명예나 인정認定을 좇다가 나 자신을 잃어버린다든지, 남의 눈치를 보느라 전전긍긍한다면, 저 옛날 헤로데 당원[13]들이 그리스도에 대해 한 말을 되새겨볼 일이다. "당신은 항상 진실하고, 하느님의 길을 참되게 가르친다. 또한 사람들을 차별하여 대하지 않기에, 그 누구의 영향으로부터도 자유롭다."[14] 스승님을 주시하는 것만으로도 가르침을 얻으니 그저 신기할 따름이다. 지고의 자유, 순수한 사랑. 정말이지 난 아직 멀었다.

이 사람을 나는 사랑한다. 그냥 슬쩍 한번 봐도 우리가 모든 면에서 다름을 알 수 있다. 그는 심오한 깊이를 가진 사람, 침착함을 잃어본 적이 없다. 매우 진지하며 — 내 기준으로는 지나치다 싶을 만큼 —, 매순간 신에게 자신을 완전히 내맡긴 상태로 살아간다. 말을 하느라 자신을 놓치지 않고, 평정심에서 벗어나는 일이 결코 없다. 그에 반해, 나는 허풍쟁이 같은 느낌이다.

그러니 이 안내자를 철저히 따름으로써 심신을 다 바쳐 참선수행參禪修行에 매진할 뿐. 특히 오늘은 이 교훈을 가슴에 새길 일이다. "타인의 시선에 대한 부담을 내려놓을 것."

남의 환심을 사려는 욕망에 충실한 것은 노예근성과 별반 다르지 않다. 모든 것이 언제든 허물어질 수 있는 이 허무의 세상에서 내가 해야 할 일은 무조건적인 사랑에 다가가는 것이며, 그것을 내 주위로 전파하는 것이다. 신의 사랑은 받을 만해서 받는 것이 아니다. 그 자체가 무한한 은혜다. 나로 말하자면, 내 아내 코린과 아이들 그리고 이곳에서 내가 만나는 모든 이를 어떤 조건도 달지 않고 사랑할 수 있길 바란다. 그동안 살면서 체계적인 세뇌에 길들여진 나머지, 우리는 결국 사랑 받고 행복을 누리려면 그만큼 완벽한 사람이 되어야 한다는 생각을 은연중에 하고 있다! 스승님은 내게서 시선을 거두며 말씀하셨다. "자네는 우상을 죽이려고 이곳에 와 있는 걸세. 영성靈性이든 선禪이든 자네가 달고 다니는 모든 것을 포함해서 말이야." 좋다, 해보자!

· · ·

허무,
바람을 좇는 일

어린 시절 성당에 가면, 신부님이 미사 중에 종종 「전도서」를 낭독하곤 했다. 그걸 들을 때마다 나는 코헬렛이라는 사람이 약간 맛이 갔거나, 사는 데 영 흥미를 잃어서 남들 흥을 깨는 걸 낙으로 삼는 찌질이가 아닐까 생각했다. 숱한 좌절에 이골이 난 침울한 영혼말이다. 그런데 사실은 정반대다. 그를 따르면 완전한 기쁨에 이른다. 보통 사람들은 그에 관해서 "허무로다, 허무! 모든 것이 허무로다!"라는 말만을 기억하는데, 뭐 그것도 나쁘진 않다. 눈을 뜨는 데 방해되는 온갖 망상에서 벗어나도록 도와주니까.

절망과 쿠에요법[15]의 마력 사이에 순수한 희열을 가능케 해주는 길이 있다. 인간의 조건을 가혹하리 만치 적시하는 코헬렛의 태도가 마음에 든다. "나는 하늘 아래에서 벌어지는 모든 일을 지혜로 살펴 깨치려고 마음을 쏟았다. 그렇게 모든 일을 살펴본 뒤, 그 모두가 허무요 바람 좇는 일임을 나는 깨달았다."[16] 이런 거칠고 투박한 깨달음이 위안을 주고 사람을 강하게 만든다. 나는 무엇으로 만족해야 하는지 잘 안다. 내가 기쁨을 취해야 할 곳 역시 비극 속에서다. 이 잔인하고 불의하며 덧없는 세상에서 누구나 인간이라는 직무를 수행해야 하는 거다.

그렇다면 '이 고요한 아침의 나라'에서 내가 가장 열심히 매달려야 할 일은 과연 무엇일까?

· · ·

치유되려는
생각으로부터의 치유

오늘 나는 최소한 아침시간 4분의 3을 이런 생각을 곱씹으며 보냈다. 내가 9천 킬로미터를 날아오다니, 명상을 배우기 위해 모든 걸 저버리고서 말이야 ……. 그렇다고 소득이 아주 없는 것은 아니다. 나를 물고 늘어지던 사납고 무시무시한 적들의 정체를 이제야 가늠하기 시작했으니까. 적의 목을 비틀어버려야 한다면, 그 대상은 툭하면 절정까지 치닫는 나 자신의 권태와 불안, 결핍, 불만족 등등일 터다. 솔직히 그것들에 시달리다 못해 나 혼자 이렇게 소리칠 수밖에 없는 상황으로 내몰리는 나날이 어디 하루 이틀인가? "나 자신이 지긋지긋해!" 자신의 불행을 빌미로 세상을 탓하지 않는 것만 해도 얼마나 큰 발전인가! 악순환에서 벗어나 악습의 고리를 끊고, 위로 받고자 하는 만족 불가능한 욕망을 버리는 것. 한국 땅에서 나는 그전까지

43

이 몸뚱어리를 에워싸다시피 해온 의료진 없이도 비교적 잘 지내고 있다. 나를 치유해주는 것은 의사가 아니라는 사실을 깨달아가고 있는 거다. 치유되려는 생각으로부터 조금씩 조금씩 치유되고 있다.

"하느님이 구부린 것은 똑바로 펼 수 없고, 없는 것은 헤아려질 수 없다."[17] 이 구절 속에는 신성한 희망의 울림이 있다. 구부려지지 않는 세상의 경직성이 오히려 감내하기 버거운 책임감과 마음의 짐을 덜어준다. 이미 모든 것을 잃은 세상에서는 더 이상 잃을 것이 없는 법이다. 일단 강박관념을 벗어 던지면, 그때부터 닥치는 일들을 헤쳐 나갈 힘이 생긴다. 진정한 건강은 자신의 허약함, 질병, 온갖 상처들을 버텨나가는 가운데 얻어진다. 그런 와중에 싸우고, 참여하고, 연대해나가는 것이 가능하다. 매사 부당하고, 또한 실패하더라도.

나를 치유해주는 것이
의사가 아니라는 사실을 깨달아가고 있다.
치유되려는 생각으로부터
조금씩 조금씩 치유되고 있다.

· · ·

44

언제나
정진精進

왜냐고 묻지 않는 삶이라고 모든 생각을 저버리는 것은 아니다. 그 반대다. 계획의 노예가 되지 말고, 목표에 얽매이지 않는 것을 말한다. 나중에 사로잡히지 말고, 현재에 조금 더 충실하자는 뜻이다.

영적인 삶에서, 유람하다가 마치 장을 보듯 스승을 고른다는 것은 있을 수 없는 일. 오늘날 부처는 나처럼 그리스도를 따르는 사람에게도 가르침을 베푼다. 심지어 나는 아시아 이 먼 나라에서의 생활이 마치 공기의 흐름처럼 내 근본을 향한 갈증을 일깨웠다고 생각한다. 그 흐름을 따르기 위해 대단한 무엇이 필요한 게 아니다. 일부 유난떠는 흉내쟁이들의 거추장스러운 격식은 더군다나 필요 없다. 부처의 발자취에 관심을 가지면서 그의 가르침을 살핀다고 하여 반드시 불자佛子가 되는 것은 아니다. 그렇다면 불자란 어떤 존재인가? 기독교인은 무집착을 실천할 수 없는가? 편안한 마음으로 침묵수행에 자신을 완전히 내맡길 순 없는가? 수행의 도道를 경쾌하게 밟아나갈 순 없는가?

불자로 또는 기독교인으로 산다는 것이 얼마나 까다로운 요구조건을 수반하는 일인지를 실감하는 중이다. 결코 승리를 선언하거나 안주할 수 없다. 언제까지나 길 위에서 정진할 따름이다. 그것 자체가 바로 아름다움이고 수행이 아닌가!

· · ·

뗏목

"지혜가 많으면 걱정도 많고, 지식을 늘리면 근심도 는다."[18]

우리 가족이 대한항공 여객기에 오른 것은 지혜를 구하기 위해서였다. 도대체 지혜라는 놈은 어떻게 생겨먹었을까? 톡 까놓고 말해, 나는 더 이상 어쩔 도리가 없을 때 정신병원을 찾는 기분으로 서울에 온 거다. 무얼 어쩔 도리가 없냐고? 탐욕에 찌들어 기진맥진한 에고가 탈이다!

이제 와서는 모순이 극에 달한 느낌이다. 왜냐는 질문 없이 항해하고 초연함으로 나아가겠다면서 뗏목이, 일련의 규칙이 필요해졌으니 말이다. 모든 걸 내려놓아야 한다. 허무로다, 허무! 이 망할 놈의 뗏목조차 허무다. 문제는 내가 위로와 안전, 즐거움을 함께 가져가려 한다는 점이다. 정녕 뗏목을 물에 띄우겠다는 것이다!

지혜는 삶의 기술, 일상의 실천, 구체적 행동을 요구한다.

문득 우리를 일깨우는 임제 선사禪師의 말씀이 들리는 듯하다. "부처의 법에는 애씀이 없다. 일체가 범상凡常에 거함이오, 용무用務 일절 없음이다. 똥 싸고, 오줌 싸고, 옷 입고, 먹음이다."[19]

. . .

아이의
순수함

일상의 소동에 직면할 때 우리는 허둥대기 일쑤다. "아빠 저
길 좀 봐, 냉장고가 완전히 망가져서 바닥에 물이 흥건한데도
알로지우스 아저씨는 눈 하나 깜빡하지 않네. 어쩜 저렇게 가부
좌 튼 자세 그대로지? 손에 걸레 하나 쥐고 묵묵히 닦으시네."

선禪의 본질은 이론으로 치장할 수 있는 것이 아니다. 신비
는 일상의 정신상태 속에서 탄생한다. 문제가 있을 땐 생각을
자꾸 곱씹는 태도를 피하는 것이 좋다. 해석하거나 논평하는 것
에서 벗어나 있는 그대로의 현실에 몰입하는 아이의 순수함을
되찾으려면 얼마나 숭고한 용기와 담대함이 필요한가! 냉장고
에 대한 태도는 우리가 완전히 의기소침했을 때 어김없이 고개
드는 온갖 마음의 짐들, 상처들, 좌절들에 대해서도 똑같이 유효

하다. 토 달지 않기, 긍정하기 그리고 행동하기.

가장 큰 휴식은 곧 에고의 휴가를 의미한다. 탐욕이 사라져 진정으로 남을 배려하는 마음이 자리하면 이웃에게 다가가려고 따로 애쓸 필요가 없어진다.

사랑, 무집착, 초연함 ……. 그것이 하나하나 밟아가야 할 앞으로의 여정이다!

. . .

어디에서
시작할까?

왜냐고 묻지 않는 삶. 그것은 구체적으로 무엇일까? 우선 어떤 어려움에 직면할 때 너무 많은 질문을 하지 않는 것, '내가 잘했어야 하는데'라든지 '아, 그때 이랬었다면!' 따위의 말을 하지 않는 것. 그리하여 공연히 문제를 복잡하게 만들지 않고 현실을 보다 적극적으로 끌어안는 것이겠다. 동북아시아의 이 도시에 내가 온 것은 온갖 계획과 목표, 기대로부터 벗어나기 위해서였다. 일상의 소소한 일들에 충실하고 가능한 한 즐겁게 지내면서, 가장으로서의 직분을 다하는 것. 그것만으로도 이미 나쁘지 않다. 나아가 타인의 부담스러운 시선들에 대처하는 일까지! 이와 관련해서는 스승님께서 거듭 깨우쳐주시는 말씀이 있다. "혜천 慧泉! 저자가 한국에 체류하면서 받은 법명(法名) 아직도 자네는 남들을 핑계로 살아가는가?" 논리적으로 따지자면, 이곳에서 나는 글 쓰고, 명

51

상하고, 아이들 돌보는 일 말고 딱히 할 일이 없다.

우리 모두의 어깨를 짓누르는 불변의 법칙은 바로 이거다.
욕심을 좇아 살수록 스트레스는 늘어만 간다는 것.

자, 그렇다면 '왜냐고 묻지 않는 삶'이란 어디에서 시작해야
할까?

· · ·

한 걸음
한 걸음

그대의 몸과 마음, 정성을 다해 돌보아라!

아마도 몸에서 출발하는 것이 맞겠다. 분명한 것은, 고통을 덜기 위해 몸에서 벗어나고픈 유혹을 느낀다는 사실이다. 섹스, 매혹, 충동, 고통은 하나의 길로 통한다. 나는 나 자신을 다시금 두드려 다잡기 위해 서울에 왔다. 그런데 탈진한 상태에서도 그 광기 어린 질주를 멈추기가 어렵다. 온갖 나쁜 습관들이 따라붙기 때문인데, 그것들을 떨쳐버리는 것은 또 다른 문제다! 나는 조금이나마 몸의 치유에 도움이 될까 싶어, 거의 매일 '거북이' 피트니스 센터에 다닌다. 아무리 생각해도 멋진 이름이다! 예감도 좋고, 프로그램도 방대하다. 글자 그대로 거북이 걸음으로 뚜벅뚜벅 나아가는 거다. 선禪에서는 코끼리 걸음을 이야기한다. 코끼리는 내가 제일 좋아하는 동물이다. 사바나 평원에서 유유자적하는 녀석을 떠올리면 가슴이 벅차다. 유연한 코를 축 늘어뜨린 채 한 걸음 한 걸음 전진한다. 땅을 굳건히 디뎌 자기 몸 하나를 의연히 지탱한다. 그런 녀석을 나는 본받고 싶다. 달리는 건 더 이상 바라지도 않는다. 단지 꼼꼼하게 발을 내디뎌가며 걷는 것. 버티기 위해 속도를 늦추는 것.

러닝머신 벨트 위에서 지치지 않고 균형을 유지하기 위해서는, 의지란 그 자체로 모터가 아닌 노력의 방향타임을 상기하면서 몸을 내맡겨야 한다. 인간의 몸뚱어리는 기적과도 같아서, 내가 걷기 시작하자 저절로 작동한다. 지금 이 순간, 나는 달리고, 헐떡이고, 땀 흘린다. 아무것도 부족하지 않다.

. . .

이웃을
돌아본다는 것

엄청난 줄 속에서 우리 가족이 순서를 기다리는 것은 그 유명한 '외국인 등록증'을 받아내기 위해서다. 이 만능카드가 없으면 안전도, 주거住居도, 교육도, 전화기도, 인터넷도 기대할 수 없다! 자신만의 표지標識를 버리고 연대連帶를 존중할 것. 나는 바게트를 구워주는 한국인 제빵사 덕분에 아주 잘 살고 있다. 동네 패스트푸드점 덕을 보고 있으며, 손가락을 들어 집으로 가는 길을 가리켜주는 행인들 덕택에 무사히 귀가하고 있다. 이방인을 바라보는 내 눈은 이제 완전히 달라질 것이다.

목욕용품들, 칫솔 그리고 요건 조금 난해한데, 기침약을 사느라 열심히 손짓발짓해대는 내 모습이 다소 우스꽝스러울 거라는 점은 상상하기 어렵지 않다. 어쨌든 왜냐는 물음 없이 살아가는 중이다! 가끔 코카서스 계통 유럽인이라고는 나 하나뿐인 동네에서 운동화를 질질 끌며 걸어 다닐 때가 있다. 그러다 미소 띤 시선들과 마주치기도 하는데, 결코 조롱의 눈빛은 아니다. 가만히 생각해보면, 고향에서 9천 킬로미터 떨어진 곳에 산다고 해서 바뀐 건 거의 없다. 내가 떠나야 할 것은 더 나은 상태에 대한 갈망과 '나중'에 대한 기대 그리고 불안정 자체! 그럼에도 수행修行을 하려면 최소한의 요건은 갖출 필요가 있다. 좋은 사람들과의 더불어 있음, 부단한 영적 단련 그리고 언제나 이웃을 돌아보기.

오늘 아침 지하철에서 어떤 사람이 5백 미터나 나를 집까지 바래다주었다. 왜냐는 물음 없이 그냥 호의로 …… . 틈만 나면 몇 분씩 기도와 좌선을 번갈아 행하다가, 지루해지면 즉시 이웃에게 관심을 쏟는다. 자신의 무게를 주체하기 어려울 때를 기해 남을 돕기란 얼마나 훌륭한 반사행동인가.

잠시 우리 자신으로부터 눈을 돌리는 것만으로도 숨을 고르고 계속 정진할 수 있으니 말이다. 남을 소유하거나 어떤 이득을 바라지 않고 아무 사심 없이 도울 수 있으려면 자기 자신부터 어마어마하게 자유로운 사람이어야 한다. 그 점에 관해서 내게 힘이 되어주는 강력한 백신 같은 문장이 있다. "자애심은 구걸하는 사람과 베푸는 사람의 차이를 없애는 것이어야 한다. 그러나 구걸하는 사람과 자신을 같은 차원에 놓고 베풀 줄 아는 사람은 그리 많지가 않다. 무조건 주님의 이름으로 빵을 베풀고 먹인다고 해서, 그 빵의 쓰라린 맛을 매번 없앨 수 있는 것은 아니다."[20]

. . .

타인의 시선에서
자유롭다는 것

마음은 갈등에 시달리고 정신이 안정을 찾지 못하는데 어떻게 남을 위한 배려에 온전히 뛰어들 수 있을까? 우선 자기 자신에게 잘해주는 법부터 깨쳐야 한다. 이런 일에 명백한 노하우는 없다. 우린 그저 쾌락을 좇되 진정한 희열에 이르지 못할 뿐이다.

이곳에서 나는 완벽한 이방인이자, 다행스럽게도 전혀 알려지지 않은 존재다. 어떤 압박감도 없으며, 있어도 극히 미미하다. 믿기 어렵겠지만, 우리 막내 셀레스트를 어린이집에 데려다주면서 나는 그 애와 마카레나 춤을 추었다. 그러면서 혹시나 나의 꼴 때리는 짓을 보는 사람이 없나 흘끔흘끔 뒤를 살피지 않을 수 없었다. 서울 한복판에서조차 나는 남이 무어라 할지 신경 쓰고 있다는 얘기다. 분명 나는 타인의 시선을 중요하게 생각하는 사람이다. 왜냐고 묻지 않으면서 살아갈 줄 아는 진정 자유로운 사람은 그런 나를 신랄하게 비웃을 것이다. 이 여정旅程의 영적 소명을 결코 잊지 말아야 한다. 무엇보다 단순함에서 빗나간 모든 것을 내쳐야 한다.

모든 일이 뜻대로 되지 않을 때조차 최대한 의연한 자세로 일상에 충실할 줄 아는 것. 그것이야말로 중요한 도약이다! 아이들의 본보기는 늘 우리 모두에게 가르침을 준다. 어제는 딸을 붙잡고 좀 얌전히 있으라며 잔소리를 늘어놓았다. 한데 그 아이 대답이 일거에 내 기운을 쏙 빼버리는 것이었다. "아빠, 우린 부처님이 아니라 어린아이들이라고요!" 그래, 땅을 두 발로 단단히 딛고 언제나 지금의 나로부터 출발하되, 괜히 무게 잡는 짓부터 그만둘 것.

· · ·

몸뚱어리로
돌아가기

정신과 육체를 맺어주는 내밀한 혼례를 말할 자 누구인가? 매일 반복되는 그 둘 사이의 이혼을 치유할 사람은 또 누구인가? 영적 삶은 내면의 고행과 마찬가지로 육신의 위생 또한 중시하거늘.

나는 '거북이' 피트니스 센터 탈의실을 포함한 모든 곳에서 지혜를 배운다. 나이가 많고 적음을 떠나 모든 사람이 발가벗은 몸으로 쌓인 피로를 푼다. 저마다 자기 몸을 마치 새 동전처럼 반짝거리도록 닦고 또 닦는다. 휴식, 이완, 안정! 몸은 신성한 것이고 누구든 귀 기울여 그 신호를 들어야 한다. 특히 과도한 욕심으로 몸을 손상시켜서는 안 된다.

"도와드릴까요?"

신기하게도 내가 전혀 모르는 남자가 머리부터 발끝까지 구석구석 내 몸을 닦아낸다. 나는 왜냐는 질문 없이 그대로 나를 맡긴다. 다 끝나자 그는 허리를 숙여 인사한 뒤 자리를 뜬다. 몸을 닦는다는 단순함이 나를 다시 일으켜 세우고, 수치심이란 단지 시선의 문제임을 일깨워준다. 문제는 순수한 마음이다.

내가 알기로 영적인 삶이란 몸에서 태어난다. 몸의 충동, 몸의 피로, 몸의 욕구가 영적인 삶을 잉태하는 것이다. 때 빼고 광내느라 열심인 내 주위 할아버지들의 활기찬 모습을 유심히 관찰한다. 발가벗었다고 가면이 사라질까? 어쨌든 원초적 상태로 돌아온 거다. 온갖 결함들은 벽장 속에 처박아두었으니, 나로서는 서둘러 나갈 이유가 없다!

벌써 15분전부터 한 노인이 반짝거리는 치아를 죽자고 닦는다. 나는 저걸 다 해 넣으려면 엄청난 돈을 쏟아 부었으려니 하고 만다.

깨끗하고 산뜻한 몸이 되는 일. 나는 이 의식儀式을 사랑한다. 목욕재계沐浴齋戒. 몸처럼 영혼도 정화시키는 일이다. 세상 어떤 책도 '거북이' 피트니스 센터가 내게 가르쳐주는 것을 가르쳐주지 않았다. 이 몸뚱어리는 항상 사랑으로 보살피고, 아끼고, 가르치고, 때로는 버릇도 고쳐주어야 할 어린아이라는 생각이 들기 시작한다.

나는 분명히 말한다. 신에게 다가가기 위해서는 몸뚱어리로
돌아가야 한다.

· · ·

공중목욕탕에서의
선禪 수업

내가 결코 마다하지 않을 즐거움이 하나 더 있다. 6천 원을 내고 아들과 함께 공중목욕탕에 가는 일이다. 종업원이 활짝 웃는 얼굴로 우리를 반기며 기운찬 목소리로 "어서 오십시오!" 한다. 신발을 벗어 신발장에 가지런히 넣은 다음, 우리는 옷을 벗는다. 오귀스탱은 거품이 부글거리는 큼직한 욕탕 안으로 풍덩 뛰어든다. 녀석의 사랑스러운 머리통이 물거품들 사이로 동동 떠있는 동안 나는 체중계에 올라선다. 멍청한 조건반사다.

이곳에 사회적 지위 따위는 존재하지 않는다. 아버지는 아들의 등을 밀어주고 아들은 아버지의 등을 밀어준다. 지극히 정상이고, 건강하며, 자연스럽고, 좋다. 나는 부연 수증기 속에서 아들을 찾는다.

"사람들을 잘 살펴봐라. 누가 제일 편해 보이니?"

녀석은 한참을 바라보며 생각하더니 말한다.

"저 아저씨요, 아빠!"

"왜 그렇게 생각하지?"

"어깨를 보세요. 축 늘어져 있잖아요! 걷는 모습 보여요? 꼭 둥둥 떠다니는 것 같아요."

그러고 보니 날아다니는 코끼리, 날개 달린 '거북이'가 여기다 모여 있다 …….

뭐 하러 달려가는가? 이곳, 시간은 멈춰있다. 6천 원어치의 휴식이다. 바닥에 길게 드러누워 삶이 있는 그대로이게 내버려둔다. 판단하지 않고, 왜냐고 묻지 않고, 아쉬워하지 않는다. 그냥 그대로다.

오늘 아침 '때밀이'는 ― 글자 그대로 때를 밀어주는 사람이다 ― 나를 피하는 눈치다. 아들이 내 손을 붙잡고 아무렇지도 않게 말한다. "내가 아빠를 어떻게 씻겨주는지 저 아저씨한테 보여줄게!" 그로부터 2분이 지나자 내 몸은 머리부터 발끝까지 비누거품 천지다. 그 정도 시간이 흐르면서 장애가 전혀 문제되지 않기는 드문 일이다. 오히려 나는 지금 있는 그대로의 내 모습에 충분히 자신 있다. 그것은 육체의 지혜! 왜냐는 질문 없이 아빠의 몸을 씻어주면서, 자기도 모르는 사이, 아빠를 빛나게 하고 아빠에게 즐거움과 경쾌함을 가져다준 아이의 이 위대한 가르침!

삶이 있는 그대로이게 내버려둔다.
판단하지 않고, 왜냐고 묻지 않고,
아쉬워하지 않는다.
그냥 그대로다.

이 아이의 순진무구한 눈동자가 세상 무엇보다 더 깨끗하게 나를 씻겨준다. 어떤 군더더기로도 그것을 흐리지 못한다. 한 아저씨가 다가와 말을 건넨다. "이분이 네 아빠니?" "네" 눈빛 영롱한 아이의 티 하나 없는 대답이 나마저 이 삶에 "네"라고 답하게 만든다. 옳거니!

"지금은 누가 제일 편해 보이지?"

"음, 저기 저 아저씨요! 왜냐면 ……."

· · ·

남의 눈에 비친
나

오늘 내가 장애인이라는 사실을 다시 환기시키자 친구 준화가 웃음을 터뜨렸다. 그는 자기 방 컴퓨터 모니터 앞에 나를 앉혔고, 불과 십여 초 만에 나는 놀랍게도 일종의 TV프로 주인공이 되어있었다. 이게 요즘 여기서 대유행이다. 요리를 하고 먹고 다림질하는 것을 일일이 찍어 방송한다. 방송을 통해서 존재하기! 장난기가 심한 준화는 이참에 장애라는 것이 그리 티 나는 게 아님을 보여주겠다며 큰소리쳤다. 아닌게아니라, 한 시청자의 댓글이 그게 사실임을 증명했다. "외국인 같은데 약간 살쪘네요 ……!"

· · ·

약도^{略圖} 없이
살기

지금이야말로 몸의 문제를 진지하게 들여다봐야 할 때다. 그것은 우상인가, 족쇄인가, 짐인가, 아니면 이제 막 고개 드는 내 자유의 도구인가? 나 자신을 좋아하지 못하면서 어떻게 이웃을 진심으로 사랑하고 태양 아래서 즐기는 삶이 가능할까? 나는 항상 기쁨에서 초연함으로 나아가되, 그 반대는 아닐 거라 믿어왔다. 프란체스코 살레시오 성인께선 엉킨 실타래를 풀 듯 이렇게 쓰셨다. "영혼이 거하기 좋도록 육신을 잘 보살펴야 한다." 운동을 하고, 아이의 살 내음을 맡으며, 맛있는 음식을 먹고 마시는 일. 요컨대, 우리를 살찌워 즐겁게 해주는 것에 관심을 쏟고 그것을 충분히 향유해서, 삶을 지탱하고 정진해나가자는 뜻이 아닌가. 쾌락과 기쁨을 하늘이 주신 선물이라 여기는 것은 참으로 유쾌한 생각이다. 불과 얼마 전까지만 해도 나는 쾌락을 불

67

신하는 사람이었다. 애착과 의존이라는 것 자체가 그리 오래가지 못한다고 보았기 때문이다. 인간의 육신을 신성하고 거룩한 장소로 만들기 위해 영적 스승들은 일단 단순하고 구체적인 것부터 시작하라고 가르친다. 이를테면 '일찍 잠자리에 들라.' '과식하지 말라.' '과로하지 말라.' '운동하라.' 등등. 그런 식으로 각자 자기만의 십계명을 만들 수도 있고, 인생 건강법을 설계할 수도 있다. 지치고 고장 난 몸뚱어리를 끌고 어떻게 하늘나라에 오를 수 있단 말인가?

나의 이 동방여행은 도망친다든가 딴전 피울 가능성을 아예 없애버린다. 그리고 '자신을 돌보다'라는 새로운 동사動詞를 이리저리 활용하지 않을 수 없게 만든다. 나는 이 도시의 곳곳을 헤집고 다니면서 일부러 길을 잃어버리는 게 그렇게 즐거울 수 없다. 지하철에서 아무 이유 없이, 내 아이들에게 아무 숫자나 얘기해보라고 한다. 그러고는 그 순번에 해당하는 역에서 무작정 내리는 거다. 시간에서 해방된 듯 홀가분하게 저지르는, 통제로부터의 이 작은 일탈이 나는 어리둥절할수록 재밌다. 그 안에서는 예기치 못한 것이 곧 규칙이다. 따지고 보면 그리스도도 부처도 약도略圖 없이 삶에 뛰어들었다. 글 쓰고 명상하고, 내 아내와 아이들 활짝 피어나게 돕는 것 말고는 어차피 다른 할 일도 없는 나다. …… 현자에게 시간이란 늘 넉넉한 법. 그런데 우리는 벌써 그걸 어떻게 사용하면 좋을지를 따지고 있다. 산만함과 성급함을 내쳐야 한다. …… 단, 성급하지 않게!

현자에게 시간이란 늘 넉넉한 법이다.

...

완전한
내려놓음

가족과 모처럼 나선 첫 바깥나들이에서 한 장애인이 공포를 넘어 아찔한 항복선언을 경험했다.

귀청 따갑게 울려대는 경적소리, 교통지옥, 거기에다 쉴 새 없이 꼼지락대며 보채는 아이들 ……. 무얼 어찌해야 좋을지 막막했다. 6차선 도로 한복판에서 나는 운명을 다스리려 애쓸수록 더욱 곤경에 처하리라는 걸 문득 직감했다.

딴에는 침착한 성격인 나도 이런 거대도시에선 두 손 두 발 다 들 수밖에 없었다. 선에서 말하는, 목적이나 이득을 탐하는 마음이 아예 없는 상태라고나 할까. 아이들은 아이들대로, 한순간 자신을 완전히 내려놓은 한 불구자에게 속절없이 내맡겨진 꼴이었다. 그러다가 삶이 다시 바통을 이어받았다. 나를 내려놓는다는 건 경계를 푼다거나 위험 속에 자신을 방치하는 것이 아니다. 그것은 '바로 이 순간' 무엇을 할 것인가를 떠올리는 일이다. 무기력한 상황이 문득 내 마음을 가라앉히자 스트레스가 사라졌다. 나는 손목시계를 들여다보는 것조차 그만두었고, 뭔가를 바라는 마음을 접었다.

어마어마한 거대도시에 들어와 살면서 나는 오히려 속도 늦추는 요령을 터득하고 있다. …… 빨간 불이 들어오는가? 그러라지! 나 시간 있다. 기차를 놓쳐? 오케이! 다음 차 타면 되고 ……. 좀 우습게 들릴지 모르지만, 나는 친구를 사귀어보겠다며 오후 내내 카페 한 귀퉁이에 죽치고 앉아 있는 일이 종종 있다. 그래, 굳이 내적 평화에 침잠하지 않고도 싼값의 위안을 찾고 있는 거다.

다른 곳과 마찬가지로, 이곳에서 역시 외부로부터의 위안은 힘들다는 사실을 나는 하루빨리 이해해야만 한다.

· · ·

영혼의
나침반

나는 영적인 우정을 무엇보다 중요하게 생각한다. 이곳, 아직 가족과 스승님에게서 말고는 그런 걸 얻지 못했다. 대화는 물론, 심지어 눈빛까지도 그런 것과는 거리가 멀다. 한번은 어떤 스님에게 나의 외로움과 고뇌를 털어놓고 도움을 청해본 적이 있다. 한데 그의 반응은 한마디로 나를 넉다운 시킬 만한 것이었다. "자넨 모든 걸 다 가진 사람일세. 가정이 있으니 그걸 잘 간수하고, 자네 몸과 영혼을 돌보면서 맑은 정신을 유지하게."

나는 아직 서울을 더 알아보아야 한다. 그리고 기계적인 삶의 감옥에서 뛰쳐나와야 한다. 이따금 멘탈이 가벼운 항복상태에 빠지기도 한다. 공중목욕탕에서는 종종 기적이 일어난다. 자아와 몸뚱어리 사이의 장벽이 사라지는 경험이다. 나는 아무 유보 없이 전격적인 평가를 하기 위해 나 자신을 그만 바라본다. 선禪은 에고의 개입 없이 모든 걸 자연스럽게 행하는 일. 마음을 가라앉히기 위해 어떤 수단을 강구해야 할까? 적어도 이론은 아닐 테고, 행동이나 소위 말하는 건전한 생활습관, 한국식으로 살아가는 특별한 기술이라도 터득할까? 무엇보다 영혼의 나침반을 주목하는 것이 답이겠다.

사실 그것은 내 자식들에게 주는 조언이기도 하다. 어디에 마음을 둘지 차근차근 말해주는 너희들 가슴 속 작은 나침반을 잘 들여다보거라. ……

무엇이 우리에게 진정한 즐거움을 가져다주는가? 우선 우리를 안정시키고 회복시켜주는 것을 정확히 파악할 것. 우리를 더 높은 단계로 이끌어줄 하루의 샘물을 실컷 퍼마실 것. 그것으로 오늘은 충분하다.

. . .

무조건적인
사랑

맙소사! 기껏 영적인 아버지와 조금이라도 더 가까이 있고 싶어 한국에 왔으면서도, 아직까지 그에게 나의 고충을 숨기고 있다니. 어제 그에게서 전화가 왔는데, 감히 지금의 내 상태를 털어놓을 엄두가 나지 않았다. 그는 분명 내가 이 세상에서 가장 흠모하는 사람이다. 그런데도 나의 이 빌어먹을 모습을 내가 알아서 늘 오냐오냐 해주고 앉았으니. 지금 내가 상대하는 분은 사랑과 지혜의 정점에 서 계신 존재다. 나는 점잖은 충고 몇 마디 얻어들으려고 수천 킬로미터를 날아온 것이 아니다. 참선을 수행하는 하느님의 사람을 찾으려고 나는 무던히 애를 써왔다. 가만있어도 무조건적인 사랑으로 빛나고, 속된 욕망이라고는 한 줌도 찾아볼 수 없는 스승은 아무데서나 만날 수 있는 것이 아니다. 나처럼 엉망진창인 환자에게는 얼마나 비범한 의사가 필요한 것인지! 보기 드문 엄격함, 온갖 의혹과 두려움을 무릅쓰며 따르고자 하는 의지를 용솟음치게 만드는 신을 향한 헌신의 자세, 지금 이 순간과의 놀랄 만한 일체성, 가식이라고는 전혀 없는 겸허함, 무엇보다 하느님의 심연처럼 깊이를 알 수 없는 선의善意, 그 모든 것을 갖춘 인간!

그분은 나를 따끔하게 훈계하는 유일한 사람이다. 그의 입에서 말랑말랑한 칭찬의 말이 튀어나온 역사가 없다. 그는 무조건적인 사랑으로 나를 대한다. 여러 번 내가 구덩이 속에 빠져 허우적거릴 때, 나를 일으켜 세우고 깊은 위로를 베풀어주었다. 그에게서 나는 그림자 하나 없는 믿음으로 나아가는 길을 발견했다. 9세기 위대한 수피(이슬람 신비주의자)인 바야지드 바스타미는 이렇게 썼다. "스승이 없는 자의 스승은 사탄이다."

. . .

평화가
송두리째

내가 어느 마귀에 홀려 이곳 이태원 호모힐(Homo Hill)까지 왔던가? 왜냐는 질문 없이, 매춘부와 게이의 거리를 헤매고 있다. 하긴 타락의 가능성 자체가 전무한 내가 무엇을 걱정하겠나? 엄청나게 도덕적인 품성을 갖춰서가 아니다. 질병에 대한 공포가 그런 종류의 일탈로부터 나를 지켜주는 거대한 장벽이다. 솔직히 말해서, 자신의 내밀성을 내다 팔 수밖에 없는 저 여인들을 생각하면 마음이 아려온다.

"자기야, 이리 와봐!"
"아뇨, 됐습니다."

비참한 상황에 처하지 않은 입장에서 지혜나 미덕을 논하기는 아주 쉽다. 인간존재의 존엄성은 이런 음산한 변두리 지역에서 빛을 발하는 법이다. 그 일부는 어떤 트라우마도 집적거릴 수 없는 우리 존재의 깊은 심연에 남아있다. 내가 그곳에 무얼 찾으러 갔으는지는 잘 모르겠다. 다만 지혜를 갈구하고 있었던 것만은 분명하다. 지혜란 숱한 고뇌를 말없이 증언하는 어두운 홍등가를 포함해 어디에나 존재한다는 확신을 나는 갖고 있다.

그대의 몸과 마음, 정성을 다해 돌보아라!

길을 걸으면서, 스승님의 말씀이 가슴속에 메아리친다. "혜천, 이곳 서울에서 새로운 알렉상드르가 태어나고 있네. 더 자유롭고, 더 단순하며, 더 자발적인 존재 말이야. 평화가 송두리째 자네를 삼키도록 놔둬!"

거리 모퉁이를 도는데 문득 한 남자가 따라붙으며 말을 던진다.

"저런, 많이 취했구려!"

"아뇨, 저는 장애인입니다."

"에이, 취했는데 뭘!"

그의 갑작스러운 시비조에 덜컥 겁이 났지만, 마음속에서 곧장 목소리가 들려온다. "혜천, 이곳 서울에서 새로운 알렉상드르가 태어나고 있네. 더 자유롭고, 더 단순하며, 더 자발적인 존재 말이야. 평화가 송두리째 자네를 삼키도록 놔둬!"

이런 인간이 내게 무슨 해코지를 할 수 있을까? 쓸데없는 고민은 이제 그만 ……. 서둘러 피할 필요가 있을까? 오히려 걸음을 늦추어야지. 땅을 단단히 딛고 서는 거다. 너무 빠르지 않게, 평화로이 온 길을 되돌아가는 거다.

　내가 방향을 바꾸자 다른 사내가 손짓한다. 나는 주위를 전혀 아랑곳하지 않고 바(bar)로 들어간다. 평판이 안 좋은 그곳에 내가 들어가는 것을 아무도 보지 말았으면! 설마 이 저녁, 이태원 게이바 탐사探査가 나를 죽이기야 하겠나. 비록 가슴은 두방망이질 하지만, 평화가 넘치는 가장 깊은 곳에 거하는 것이 수행의 핵심이다. 예수나 부처라면 이 젊은이들 속에서 과연 어떻게 처신했을지 상상해보자. 두려움과의 싸움에서 중요한 것은 정신의 혼란을 어떻게 다루느냐이다. 억지로 저항하기보다는 그 급류에 결연히 몸을 맡기는 것. 매순간을 변화의 기회로 삼는 것. 이 경우 아주 좋은 한국 속담이 있는데, 바로 "시작이 반이다"가 그것이다. 무언가를 시작하는 것만으로도 이미 반은 이루어진 것과 같다는 뜻이다.

　나쁜 버릇을 버리고 좋은 습성을 길러 자기 회복의 원동력을 불러오도록 새롭게 분발해야 한다. 우리는 여태껏 놀라 호들갑이나 떨고, 외부에 투사하고, 남과 비교하면서, 스트레스 받는 법만 배우고 익히지 않았던가? 한국어로 '해탈解脫'이란 '허물을 벗다'와 '자신을 구원하다'라는 뜻을 담고 있다. 어원에 관심 있는 사람들을 위해 설명을 보태자면, 두 개의 한자로 구성되어 있는데, 첫째 글자는 '해결하다', '해체하다'라는 뜻과 '깨어나다', '깨닫다'라는 의미를 함께 갖고 있다. 또한 '옷을 벗거나 허물을 벗는' 행위를 지칭하기도 한다. 둘째 글자 역시 그와 마찬가지로 '옷을 벗다', '허물을 벗다' 등의 의미를 담아낸다. 같은 뜻을 집요하게 강조한 것 같아 맘에 든다. 행복이란 무얼 더 얹는 것이 아니라, 지금의 상태를 잘라내고 덜어내서 단순화하는 것이다. 나를 불편하게 만드는 것을 잡아내 발가벗고 앞으로 나아가는 일 ……

우리는 여태껏
놀라 호들갑 떨고, 외부에 투사하고, 남과 비교하면서,
스트레스 받는 법만 배우고 익히지 않았던가?
배운 것을 잊고, 습관을 버려, 입은 옷을 벗어 던지는 것,
그것이 앞으로 도전할 과제다!

. . .

매순간
변화하기

|

이 술집, 종업원에게 쥐어주는 몇 푼 안 되는 돈으로 내가 무얼 할 수 있을까?

그는 내게 유리잔을 내밀면서 목에 뽀뽀를 한다. 순간, 나의 비합리적인 강박증이 다시 난동을 부린다. 이런, 나 지금 에이즈에 걸렸어! 언젠가 셀레스트를 데리고 파리 시내에 있는 밀랍인형 박물관에 구경 간 적이 있다. 간디와 오바마, 쇼팽, 레오나르도 디카프리오를 지나 '해골骸骨' 하나가 우리를 기다리고 있었다. 셀레스트는 깜짝 놀라 비명을 질렀고, 나는 이렇게 달래주었다. "셀레스트, 잘 봐. 그냥 그림이잖아 ……"

유령이 나타날 때 두 눈 똑바로 뜨고 바라볼 수만 있다면, 아마도 그것이 망상에 불과함을 깨닫고 말 것이다. 나는 살면서 마주치는 상황들 중 99퍼센트는 현실이 아닌 나만의 세계 속에서 생각하고 반응함을 인정한다. 그러니, 바텐더가 내 목에 입술을 갖다 대는 순간만이라도 현실로 돌아와야 한다. 기겁할 것이 아니라 그냥 내버려두는 것이다.

소다수를 들이켠 다음, 나는 곧장 밤거리로 나선다. 보도 위에서 머뭇거리는 남자의 모습이 눈에 들어온다. 과연 그는 분홍 팬티를 착용한 저 미소년의 유혹에 응할 것인가 말 것인가? 인생을 살다보면 우리가 선택할 수 있는, 스스로 변할 것인가 말 것인가를 결정할 수 있는 지극히 짧은 순간이 존재하기 마련이다. 그것은 우리의 자발성, 우리의 자유가 활동하는 아주 미세한 시간이다. 그때 비로소 영적인 수행이 우리 삶의 중심에 위치하는지, 아니면 여러 잡다한 일상사 중 하나에 불과한지가 판명 난다.

오늘밤 호모힐에 머물지 않도록 나를 붙잡아준 것은 무엇이었을까? 육체란 늘 새로운 것을 원한다는 걸 신기하게도 이제야 깨닫는다. 아니다. 육체가 아니라 정신이 그런 거다.

그러니, 이제 그만 잠자리에 들어야겠다.

· · ·

혜천

이곳에서 내 이름은 '혜천' 즉, '지혜의 샘'이다. 이른바 법명 法名이다. 그것은 단순한 호칭을 넘어, 항상 마음 깊은 곳에서 샘 솟는 기쁨과 평화에 눈을 뜨라는 권유다. 툭하면 다른 때, 다른 곳에서 휴식을 찾는 자에게 매우 유용한 이름이 아닐 수 없다.

변한다는 것은 다른 사람이 되고자 하는 게 아니다. 특별한 영웅이나 성인, 슈퍼맨이 되어 더 이상 고생하며 괴로워하지 않 겠다는 의미가 아니다. 고생, 고통은 늘 감당해야 할 숙제다. 정 신적으로 모든 문제를 제거해줄 것처럼 상품가치로 포장된 명 상은 위험천만한 허영에 불과하다. 사고와 감정의 흐름은 너나 없이 대동소이하다. 현자조차도 형편없는 시간들을 보내며 살아 간다! 단지 현자에게는 그 모든 흐름이 보다 자유로우며, 불쾌 한 잡념들에 의한 막힘이 없을 뿐이다.

예전에 나는 적을 쓰러뜨리고 결점들을 없애달라는 기도를 했다. 또한 상처를 치료해달라는 기도도 빠트리지 않았다. 지금은 마이스터 에크하르트의 말씀에 귀 기울이려고 노력하는 중이다. "인간이 할 수 있는 최선의 기도가 다음과 같아서는 안 된다. '저에게 이런 미덕을 주소서. 저를 이렇게 하도록 만들어주소서.' 또는 '주님, 당신을 저에게 베푸소서. 저에게 영원한 삶을 주소서.' 기도는 이렇게 하는 것이다. '주님, 당신이 원하고 행하시는 그대로가 저에게 이루어지나이다.' 이런 기도야말로 하늘이 땅 위에 군림하듯 그 밖의 다른 기도를 압도한다. 진정한 순종 속에서는 자기 자신을 완전히 탈피해 신에게로 나아가는 일이 가능하다."[21]

세상의 불완전함과 화해하는 것. 그것이 바로 고행이고 변화다! 일단 스승을 선택했으면, 그를 단순히 흉내 내는 것보다 따르는 것이 중요하다. 내가 예수의 삶을 묵상하면서 놀라는 이유는 온화함과 진실성으로 충만한 그의 권능, 그의 끝 간 데 없는 자유로움 때문이다. 그는 보살피고, 치유하고, 위로하고, 걷고, 헐벗은 자들에게 먹을 것을 주었다. 그는 나를 깨워주었다.

이쯤에서 나의 고충 하나를 고백해야겠다. 내가 불교에 관해 이야기할 때 사람들은 그냥 쿨하게 받아들인다. 그런데 페이스북에 프란체스코 교황 사진을 걸어놓으면 일부 예민한 사람들이 당장 들고일어나 십자군이다, 이단재판이다, 피임이다 하며 푸념을 늘어놓는다. 침울해 하는 이런 사람들에 더해 나더러 다른 종교 기웃거린다고 뭐라 하는 기독교인까지 신경 쓰다 보면 ……

　　내 생각은 이렇다. 석가모니 부처님을 따르는 사람과 기독교인은 손에 손을 잡고 경쾌한 발걸음으로 같은 오솔길을 얼마든지 동행할 수 있다. 어떤 차이, 장애물, 장벽도 의미를 잃는 저 드높은 산정을 향해 함께 걸어 올라갈 수 있다.

· · ·

내면의
의사醫師

거창한 고통까지는 아니어도, 우리를 병들게 하는 사소하지만 집요한 근심거리들이 있다. 가령 누가 무엇을 하든 하루에 한 번씩은 골치 썩이는 문제가 발생하기 마련이다. 이는 부처의 네 가지 고귀한 진리 중 첫 번째 것에 상응하는데, "인생이 고苦"라는 진리가 바로 그것이다. 그리고 석 달 전, 결국 사달이 났다.

치과에 볼일이 있다는 건 분명 즐거운 일은 아니다. 게다가 같은 언어를 사용하지 않을 경우 문제는 훨씬 복잡해진다. 그나마 다행인 것은, 나를 도와줄 스님 한 분을 최고의 수호천사로 미리 섭외해두었다는 사실이다. 우리 아이들이 '제로 스트레스(Zero Stress)'라는 별명으로 부르는 분이시다. 치과에서 으레 진행하는 사전절차가 끝나자 간호사가 나를 의자에 거칠게 앉혔다.

입을 아 …… 하세요. 녹색 작업복. 마비상태! 세면대 안에 새빨간 핏자국이 보인다. 그게 거기 있다는 건 오직 내 삶을 망가뜨리기 위함인 듯하다. 이렇게 될 줄 알았다. 나는 허둥대기 시작했고, 불안의 극을 향해 치달았다. 결국 에이즈에 걸린 걸까? 하지만 이번만큼은 정신의 혼란이 그리 오래 지속되진 않았다. 그저 스님을 바라보는 것, 그의 어깨, 눈빛을 보는 것만으로도 안정되기에 충분한 것이다. 우리 '제로 스트레스'님은 흔들림 하나 없이 ― 하긴 다른 모습을 어찌 상상이나 하겠나! ― 나의 혼란 상태를 내려다보고 있었다. "걱정할 것 하나 없어. 그럴 리는 없겠지만, 설사 이것이 당신의 업業[22]이라 한들, 어쩌겠어? 발버둥치고 저항한다 해서 무슨 소용이 있겠냐고? 그냥 놔두시게 ……." 치료용 의자에 파묻혀 혼비백산했던 마음이 차츰 가라앉으면서 나는 그의 침착하고 의연한 자세에 공감하고 있었다. 이런 사람과 더불어 트라우마를 견뎌내자 어느새 마음이 진정되는 것이었다. 내과의사든, 치과의사든, 간호사든 이런 분에게서한 수 배우면 든든하겠다는 생각이 들었다.

그 날 이후에도 최악을 염려하는 습성은 종종 내 정신을 괴롭혔지만, 항상 의연하고 침착한 동료를 떠올리는 것만으로도 풍랑이 잦아들고 평화가 찾아왔다.

나를 내려놓기 위해 굳이 '업'이라는 것을 생각할 필요는 없다. 사람이 앓아눕고 또한 죽는 것이 사물의 속성이라면 과도하게 호들갑떨 이유가 무어란 말인가? 우선 일체의 강박관념을 내려놓는 것에서 시작하자. 매사 몸조심이 과한 태도와 앞뒤 가리지 않는 막무가내 스타일 사이에는 무수한 다른 가능성이 존재한다. 건강은 일상의 조심성과 절제, 단순성 등으로 빚어진다. 나머지는 우리의 소관이 아니다. 따라서 생활의 위생에 신경 쓰고 초연한 마음으로 살다 보면 행운이 따르기도 할 터.

왜 나는 죽는 것을 이토록 무서워할까? 고통에 대한 두려움으로 경직되다니! "그대 자신을 들여다보아라. 그대가 보일 때마다 그대 자신을 내려놓아라. 그보다 나은 방법은 없으니."[23] 이것이야말로 유일한 처방일지 모른다! 우리를 치유해줄 의사가 아직 세상에 나지 않았음을 직시하자. 모름지기 각자 자기 내면에서 그런 의사가 태어나야 하는 것은 아닌지. 마이스터 에크하르트의 말씀은 여태껏 나를 떠난 적이 없다. 하루에도 수없이 떠오르는 말, "그대 자신을 내려놓아라!" 초연하다는 것은 결코 슬픔이 아니다.

그러자 문득 떠오르는 의문. 내게 내려놓을 무엇이 있기는 한가?

. . .

내일을 위한
계획

'제로 스트레스' 님이 옳았다. 나는 에이즈에 걸린 게 아니었고, 그것은 나의 업이 아니다. 오늘 별안간 답이 떠올랐다. 가장 힘든 건 역시 자신을 그냥 놔두는 일. 병원에서 온 우편물을 개봉하면서 나는 샤를 페기[24]의 글을 생각했다. "신은 말한다, 나는 잠자지 않는 사람은 사랑하지 않는다. 잠자리에서 불안에 시달리고 신열로 들끓는 자를 나는 사랑하지 않는다. 신은 말한다, 나는 매일 밤 사람들이 자기성찰을 하기 바란다. 그것은 분명 바람직한 자세이지만 그 때문에 잠을 못 잘 정도로 자신을 학대해서는 안 된다. 하루가 이미 끝난 시간이다. 다시 손질할 수도 없고 다시 돌이킬 수도 없다. 친구여, 간단한 문제다. 너희에게 괴로움으로 남은 그 모든 죄들, 그것은 저지르지 않을 수 있었을 때 저지르지 말았어야 한 죄들이다. 지금은 이미 끝났다. 그러니 어서 자라! 내일, 되풀이하지 않으면 된다. 신은 말한다, 밤마다 잠자리에 들면서 다음날 무얼 할까 계획 세우는 자를 나는 사랑하지 않는다."[25] 빙글빙글 맴돌면서 이따금 현기증을 유발하는 두려움들. 정녕 사라진 무엇의 환생이 가능하다면, 아마 이 두려움의 현기증이 바로 그것이리. 강박적인 불안감, 끊임없이 나타났다가 사라지는 허깨비들.

· · ·

진로進路 유지

골치 아픈 문제, 이 악순환의 고리에서 어떻게 벗어날까? 몇 달 전부터 내가 골몰하는 난제 중 난제가 바로 이것이다. 친구를 사귀기 위해서는 언어를 익혀야 하는데, 언어를 익히기 위해서는 친구를 사귀어야 한다는 사실! 상황은 점점 더 어려워질 뿐이다. 결국 이런 답답함은 내가 처음 이곳에 찾으러 온 것이 무엇이냐의 문제로 다시 나를 데려다준다. 조금이나마 전진하기 위해 지금 필요한 것은 끈기를 넘어 어떤 결단, 나아가 모종의 질서다. 나는 이냐시오 데 로욜라 성인에게서 아주 유용한 도구를 하나 빌리기로 한다. 바로 그 유명한 영성靈性 식별법이다.[26] 그에 따르면, 대체로 우리 마음속에 두 가지 뚜렷한 움직임이 존재하는데, 하나가 영적인 고독(desolation)이다. 세상 모든 것, 특히 나 자신에 대해서 신물이 날 때, 되는 일도 하나 없고,

만사가 삭막하고 고통스럽다고 느낄 때가 바로 그런 상태다. 반대로 삶이 내 편이 되어주고 있다는 느낌이 들면 영적인 위안(consolation)이 찾아든 것이다. 그땐 모든 일이 수월하게 풀려나간다.

친구와 함께 각자 자신이 향유하는 인생의 즐거움을 1에서 10단계까지 테스트해보는 게임이 있다. 10단계는 거의 파라니르바나[27]로 접어드는 상태다. 3단계에서는 자기 삶에 대해 진지한 질문을 던지기 시작해야 하고, 특히 행동에 나서야 한다. 약간은 자의적인 이 테스트의 유익한 점은 자신을 들여다보는 계기를 제공하고, 인생은 좋은 날도 나쁜 날도 있기 마련이라는 점을 일깨워준다는 데 있다. 결국 지나가고 말 우울한 기분을 그냥 감내하지 못하고 무작정 세상을 원망할 때, 아주 좋은 치료책이 되어준다.

영적 고독에 시달릴 때는 자신에게 더 이상 질문하지 말고 기본적인 조치들을 취해보는 것이 좋다. 우선 부산떨지 말 것. 조급하지 않도록 유념할 것. 진득할 것 ……. 참 쉽다! 매일 아침 이 방법을 따르면서, 나는 소위 '신분상 의무'[28]에 충실한 가운데 가끔은 자기 자신을 잊는 것이 마음의 안정에 도움이 된다는 사실을 깨닫는다. 이를테면, 좋은 아빠노릇 하고 ― 적어도 그러기 위해 애쓰고 ―, (작가로서) 글을 쓰고, 세세한 일상사에 몰두하는 것. 컨디션이 별로 안 좋을 땐 일상에 충실함으로써 일종의 영적 위안을 누릴 수 있다는 얘기다. 어둠이 수평선을 뒤덮어도 진로를 잃지 않기 위해 반드시 명심할 것! 모든 것이 지리멸렬해지는 상황에서도 차분하게, 뚜벅뚜벅 앞으로 나아갈 것!

. . .

생존 매뉴얼

"똑바로 쭉 가세요 ……, 똑바로 쭉 ……, 오른쪽으로 도세요 ……, 똑바로 쭉 가세요 ……, 계속 쭉 가세요 ……, 저기 큰 어린이집 건물입니다 ……, 잠깐 기다려주세요 ……, 제 딸 좀 데려오고요 ……, 자, 이제, 아까 온 길로 해서 집으로 돌아갑니다." 셀레스트를 데리러 택시 타고 어린이집에 다녀오는 일은 매번 내게 자신감이란 무엇인가를 가르쳐주는 탐험코스 같다. 그래도 이젠 제법 요령이 붙었다. 셀레스트가 이 아빠를 선택한 것은 아니다. 그러니 그 아이에게 최선을 다해야 한다!

혹시 어떤 심각한 곤경에 처할 경우, 나는 어떻게 할 것인가? 얼마 전 한 '참벗'[29] 덕분에 나는 일련의 위기상황에 대처하기 위한 일종의 생존매뉴얼을 만들어볼까 생각한 적이 있다. 오, 그렇다고 인간이 최악의 상황을 늘 예방할 수 있다는 순진

한 주장을 펴는 건 아니다. 다만 잠시 예행연습 정도는 해볼 수 있지 않겠나 ……

좌절했을 때, 암담한 시간에 속수무책 주저앉는 것이 아니라 어디로 SOS 신호를 보내야 할지를 아는 것. 이를테면 긴급전화연락망이라도 작성해두는 것. 당장 하늘이 무너지면 누구에게 전화할 수 있을까? 괜히 혼자 버티려 하다가 감당하기 어려운 사태로 치닫지 말아야 한다. 아울러 과잉반응은 금물이다. 내 입장에서 그건 쉽지 않은 도전일 것이다. 몇 가지 점찍어본다면 다음 두 가지가 명심해야 할 핵심이다. 첫째, 도움을 청하기. 그리고 경직되지 않기. 아주 심각한 상황이나 재앙이 닥쳐도 결국에는 다 지나가고 말 것임을 늘 상기하도록 애써야 한다. 무엇보다 적극적으로 행동해야 한다. 더 나아지기 위해 지금 당장 내가 할 수 있는 일은 무엇인가?

나는 말이 어눌하다. 폭풍의 한가운데서 나의 서툰 행동이 크게 효과적일 거라는 확신은 물론 없다. 미리 하늘을 좀 더 자주 올려다보고, 폭풍을 점치고, 새로운 태풍이 불어오나 살필 수 있을 뿐. 비탈을 오르려면 시간이 필요하다. 오르려는 생각이 있는 한, 구덩이로 쉽게 굴러 떨어지진 않는 법이다. 그러니 지금은 화창한 햇살을 즐기고 풍성한 우정을 누릴 때다. 벼락 치는 사이사이 숨을 돌리면서 사랑을 하지 말란 법 없다. 너무 걱정하지 말고 내일을 대비해 힘을 비축하자.

· · ·

다친 뱀

나는 명상을 하기 위해 정기적으로 산중 사찰을 찾는다. 한시적인 사막, 속세와의 완전한 결별을 체험하는 거다. 휴대전화도 꺼놓고 페이스북 챙기는 일도 그만둔다. 모든 거추장스러움을 떨치고 그냥 존재함을 만끽한다.

정식 참선수도를 꿈꾸던 사람으로서, 나는 지금 매우 흡족하다! 솔직히 말해, 오늘 나는 그런 심정으로 눈물까지 흘렸다. 산으로 향하는 차 안에서 나와 '참벗'은 이런저런 이야기를 나누는 중이었다. 별안간 자동차가 멈췄고, 나는 깜짝 놀랐다. 사정인즉, 다친 뱀 한 마리가 길을 가로막고 있더라는 거다. "녀석부터 구해주고 갑시다!" 갖가지 생각에 골몰해있던 터라 나는 아무것도 보지 못한 상태였다. 고통이라는 것이 고약한 이유는, 당사자를 자신 안에 가둠으로써 더욱 고통스럽게 만든다는 점이다. 내 친구는 막대기를 하나 주워와 그 파충류를 길가로 조심스럽게 끌어냈다. 그러고는 맹독성 독사였다며 내게 꼬치꼬치 이야기해주는 것이었다. 지금 이 순간 녀석이야말로 우리에게 우주 전체라는 말도 했다.

나는 녀석에게 1미터도 채 접근하지 않았는데 이미 온몸에 마비가 오는 것 같았다. 머릿속이 뒤죽박죽이었다. 아내가 내 어머니한테 이렇게 말하는 소리가 벌써부터 귓전을 맴돌았다. '어머니, 그이가 죽었어요. 한국에 있는 산에서 뱀에 물려 죽었단 말이에요!' 그런 나의 불편한 심정을 눈치 챈 친구가 말했다. "그 또한 정신 속 풍랑일 뿐일세. 전혀 위험하지 않아!"

정신을 번쩍 들게 해주는 가르침이 아닐 수 없다. 부처를 이야기하든, 복음서를 들먹이든, 혹은 고통의 치유책을 찾아 나서든 지나치게 정신적인 것에 치중하지 말 것. 그보다는 현실 속으로, 단순성으로 돌아와 가만히 지켜볼 것.

. . .

휴대폰의
포로

치유. 그래, 난 치유 받을 권리가 있어! 저녁 먹기 전 한 차례 휴대전화가 울리는가 싶더니 방금 두 번째 울렸다. 받자마자 대뜸 스승님의 호통이다. "혜천, 자네는 자신을 두드려 박아 좀 더 깊숙한 내면으로 침잠하기 위해 이곳에 왔네. 아이들과 부인에게도 진정한 휴식을 선사하고 말이야. 그런데도 다음에 또 다시 자네가 내 전화를 받으면, 그 즉시 여길 뜨는 게 좋을 것이네!" 정적靜寂과 초연함의 자세를 이렇게까지 촉구하는 말씀에 어찌 무덤덤할 수 있을까? 그러고 보니 나는 휴대전화와 페이스북, 카카오톡의 노예로 살고 있다. 그렇다, 권태와 불안, 두려움이라 불리는 마귀와 유령들이 달려들어 나를 괴롭히고 있는 것이다. 텅 빈곳을 억지로 채우고, 무無를 회피하려는 이유가 도대체 무얼까? 이 빌어먹을 강박증, 죽을까봐 두려워하고, 암이나 에이즈 걸릴까봐, 버림받을까봐 전전긍긍하는 삶의 불안을 어떻게든 무마하겠다는 뜻 아닌가. 결국 그 모두가 꼬리에 꼬리를 무는 사념의 연쇄일 뿐이며, 나 스스로 정신 차려 조용히 응시해야 할 것들임을 깨닫는다. 이를테면, 풍경의 일부인 것이다. 나 자신 실질적인 발전을 바란다면 남과의 관계를 보다 심화시켜야 할 것이고, 무엇보다 외적인 보상과 칭찬, 동조에 더는 연연하지 말아야 할 것이다. 나는 혼자 난처한 심정으로 방안에 처박혀 어떻게 할 것인가 자문해본다. 저만치 떨어져 있는 휴대폰을 비스듬히 바라본다. 문득, 멀리서 친숙한 목소리가 들려온다. '혜천, 세상과는 그것 말고 다른 식의 관계도 얼마든지 가능해. …… 좀 더 내밀하고, 좀 더 심오한 관계 말이야!'

텅 빈곳을 억지로 채우고,
무無를 회피하려는 이유가 도대체 무얼까?

. . .

단념의
결행決行

실속 없이 시간만 흘려보내고 또다시 결론을 내리지 못한
다. 밤 시간을 이용해 나는 한국인을 사귀어보겠다며 동분서주
했으나 역시 허사였다. 신촌 지하철역은 사람들로 미여터질 지
경. 들어서면서부터 그만 나는 뒤로 벌렁 자빠지고 만다. 한 마
리 짐승처럼 숨을 헐떡이면서 엉금엉금 기어 계단을 도로 올라
간다. 흘끔흘끔 나를 곁눈질하는 시선들이 단념을 결행하게 만
든다. 왜냐고 묻지 않는 삶, 나를 기진맥진하게 만드는 기대와
의존 없는 삶을 찾는 길은 굽이굽이 정녕 쉽지가 않다. 나는 초
연함을 무척 중요하게 여긴다. 지나칠 정도로. 그 이면에는 고통
에 대한 끔찍한 두려움이 숨어있다. 초연함에서 초연해져야 한
다. 그리고 '십자가의 요한'[30]이 한 말씀을 유념해야 한다. "한 마
리 새가 가는 끈으로 묶여 있느냐 굵은 끈으로 묶여 있느냐는

별로 중요하지 않다. 그 끈을 끊지 못하는 한 새는 날 수가 없다. 솔직히 가는 끈이 굵은 끈보다 끊어버리기 쉬운 건 사실이다. 하지만 아무리 끊기가 쉬워도 실제로 끊어버리지 못하면 새는 전혀 날 수가 없다. 집착에 얽매인 영혼의 처지도 이와 같다. 아무리 이런저런 미덕을 실천해도 집착의 끈을 끊지 않고서는 신과 합일하는 자유에 도달할 수 없는 것이다."[31] 밤잠 없는 그 많은 사람들의 발길에 채이다시피 하며 뒤로 벌러덩 나뒹굴었을 때, 나는 그 어떤 성당 안에서보다 하느님이 가까이 계심을 느꼈다. 마치 본능에 따르듯 나는 정신이 지배하기 이전, 생각보다 먼저 사는 삶으로 돌아가고 있었다.

· · ·

고독의
맛

무엇보다 개인주의에 빠지지 말 것. 반대로, 자신을 내어줄
것. 나는 '제로 스트레스' 님을 다시 찾아뵈었다. 그는 친구를 만
들고 싶어 안달하는 내 모습이야말로 수행이 모자란 증거이며,
한마디로 내면의 삶이 매우 빈곤함을 말해준다고 일침을 놓았
다. 그의 말 한마디 한마디가 폐부를 찌르듯 매섭다. "바깥세상
에서 당신이 찾는 모든 것을 안에서 구하시게! 자신의 온갖 의
혹과 망상을 조용히 관조하는 것만으로도 결코 심심할 틈이 없
을 거야."

강요하거나 월권하지 않고도 이웃에 도움 되는 존재가 되려
면, 좋은 사람들과 더불어 항상 안정된 상태여야 한다. 가끔 '참
벗'을 찾아뵙는 일은 당연히 필수다. 한 선승께선 이렇게 말씀
하셨다. "모든 꼴 시렁에서 배를 채우려 하지 말라! 진정한 우정

을 깊게 파고들되, 고독의 맛을 즐겨라!" 참된 우정은 하늘이 내려준 것일 뿐, 즉흥적으로 만들어지지 않는다! 그런 뜻에서 우리는 동행할 친구들과 함께 일종의 '품질보증' 기준을 만들었다. 뜻밖의 사람들, 심지어 약간 맛이 간 사람들도 열린 마음으로 대하되, 흩어지지 않고 핵심만을 지향하기 위해서였다. 그 기준이란 '한결같음', '깊이' 그리고 '이타심'이다. 무조건 패거리 머릿수만 늘리기보다 이웃을 위해 그 세 가지 기준을 갖춘 좋은 친구가 되어주는 것이 중요하다.

얼마 전에 나는 한 선사에게 면담을 요청한 적이 있다. 빚더미에 앉은 지인 한 명에 관한 문제 때문이었다. 그자는 여러 차례에 걸쳐 내게 돈을 빌려달라면서 끈질기게 붙들고 늘어졌다. "당신이 나를 도와주지 않으면 이대로 죽어버릴 거야 ……."

"그럼 죽게 내버려두시오!" 선사의 대답 한마디는 자비를 훼손할 수 있는 온갖 숨은 동기들, 이를테면 죄책감, 연민, 생색내고픈 마음 등을 족집게처럼 집어내면서 내 가슴을 후끈 달아오르게 했다. 누구나 느꼈음직한 감정들.

"그럼 죽게 내버려두시오!"란 말이 나를 경쾌하게 해준다. 그것은 결코 남에 대한 배려를 배제하는 것이 아니다. 오히려 그 반대다. 남을 돕는다는 것, 버팀목이 되어준다는 것은 상대의 존엄성에 닿아있는 문제이지, 어떤 계산이나 얄팍한 생각에서 나올 수 있는 것이 아니다. 세상을 구하겠다는 욕심 없이 오늘 구체적인 행동 한 가지를 하는 것, 반대급부 없이 누군가를 그냥 도와주는 것 …….

우리 주위의 부정함을 탐지해서 즉시 처방을 내리는 것!

. . .

준화,
내 가벼움의 스승

여기는 부산 바닷가. 함께 여행 중인 준화는 쿨쿨 자고 있다. 밤새도록 인터넷 게임을 했기 때문이다. 어쩜 그렇게 속이 편한지, 내가 오히려 걱정이다. 그와 나는 서로 통하는 언어가 단어 몇 개에 지나지 않는다. 그가 어떤 신념을 지니고, 무엇에 관심을 두고 있는지 나는 모른다. 그는 그냥 내 형제다. 우리는 단 1분도 서로 떨어지지 않고 함께 몇 주를 보냈다. 그런데도 나는 그가 정치에 관해, 신에 대해, 죽음을 두고 무슨 생각을 하는지 알지 못한다. 우린 서로를 아끼고 사랑한다. 그게 전부다. 이따금 내가 잠이 깨면, 그가 내 방에서 자고 있다. 그럼 나는 그의 멋지게 째진 눈과 얼굴을 가만히 들여다본다. 우린 서로 마주치지 않았을지도 모르는 사람들이었다. 그때 나는 공원에서 아이들과 놀고 있었다. 우린 아무 이유 없이 몇 마디 말을 나누기 시작했다. 내 딸은 말한다, 아빠는 아마 북극에 살아도 아빠 좋아하는 누군가를 만나게 될 거라고. 준화는 바로 그런 희망의 심부름꾼인 셈이다. 한국은 내게 동기 없는 애정과 대가없는 베풂을 가르쳐주고 있다.

이런 믿음, 이런 경험이야말로 초연함에 이르는 과정이다.

. . .

자유롭게
사랑하기

"혜천, 무슨 도인道人이라도 된 듯 굴면 못쓰네! 그리스도는 제한된 역할에 자신을 가둔 적이 없어. 결코 스스로를 어떤 인물로 규정하지 않았지." 내가 서울에 와서 사는 것은 불특정 다수에 대한 중압감, 사회적 압력이라는 것에서 도망치기 위함이기도 하다. "나를 실망시키면 안 돼!", "그렇게 하지 마!", "왜 당신은 그렇게 반응하지?" '기브 앤 테이크(give & take)'의 끔찍한 논리로부터 벗어난다는 것, 나를 에워싼 온갖 요구로부터, 자유로이 사랑하고픈 각자의 숱한 기대로부터 도망친다는 것은 엄청난 결단을 요하는 일이다. 마이스터 에크하르트의 이 말을 내가 무척이나 반기는 이유다. "내가 당신을 '요구'하지 않기에 당신은 나의 하느님입니다."[32] 목표는 무조건적인 사랑과 하나 되는 것이다. 나는 내 아내와 아이들, 친구들을 '요구'하지 않는 만큼 그들을 사랑한다. 가히 충격적인 말일 뿐더러, 남을 '나를 위한' 어떤 존재로 만들어버리는 위험을 경고하는 말이기도 하다. 그렇다고 각자 강해져서 서로에게 무관심하자는 뜻으로 성급한 결론을 내려선 안 된다. 그보다 훨씬 섬세한 이야기를 하고 있다. 그렇다, 만사가 삐걱거린다! 가장 순수한 사랑도 마찬가지다! 인생은 고苦다. 이 명제는 나를 맥 빠지게 하기는커녕 오히려 날개를 달아준다. 결국 살과 뼈를 갖춘 존재를 사랑해야 한다는 말이니까. 우리는 누구나 문제와 상처를 안고 살아가기 마련이다. '사랑하다'라는 동사動詞는 원한이나 배신, 비난과는 달리 언제나 현재 활용형이다.

궁도弓道를 가르치는 한 스승이 말했다. "화살을 쏘는 것은 평범한 동작이다. 하지만 화살을 잘 쏘는 것은 신성한 동작이다." 서로 지지고 볶는 일상일지언정 그 안에서의 온정溫情이란 신성한 것이다. 방법이 무엇이냐고? 역설적이지만, 어쩌면 남의 맘에 들려는 짓을 절대 하지 않는 것일지도 모른다.

· · ·

알렉상드르를
놓아줘!

고질적인 피로 속에 수행이 자리한다. 몸, 정신, 미래, 최선을 아예 놓아버리는 것. 세상만사를 놓아버리는 것. 알렉상드르를 놓아버리고, 삶을 놓아버리는 것. 모든 걸 떠나고, 특히 놓아버린다는 사실 자체를 놓아버리는 것. 사실 나는 놓아버린다는 말이 무언가 붙잡은 것을 놓아버리는 의도성을 연상시켜서, 그리 마음에 들지 않는다. 아무 이유 없이 놓아버려야 한다. 뭔가 더 나아지려는 마음 같은 것 없이 말이다.

그렇게 놓아버렸을 때 내게 일어나는 일은 상실이 아닌 기쁨이다. 어제 준화와 나는 고카트레저용 4륜 모터카를 빌려 목포 시내를 실컷 돌아다녔다. 정말이지 개구쟁이들이 따로 없다! 둘이 나란히 달리다보니 아주 신나서 죽을 판이었다. 그러면서도 나는 자주 고카트를 멈춰 세웠다. "페이스북에 올릴 사진 한 장!",

"우리 아내와 아이들에게 파일 좀 전송해줘!" 왜냐는 질문 없이 순간을 살기보다는, 그저 내 행동 하나하나를 전시하고 구경꾼들 놀라게 해줄 생각만 하는 이 끈질긴 버릇이란! 아, 지긋지긋한 나르시시즘이여!

길 위를 질주하기 위해서는 사막 교부敎父[33]들이 남긴 말씀을 상기할 필요가 있다. "너 자신을 별로 신경 쓰지만 않으면, 네가 어디에 있든 편히 쉴 것이다."[34]

. . .

가식
없음

길을 가다가 교사 한 명과 자폐 스펙트럼 장애[35]를 앓고 있는 소녀를 보게 되었다. 진실과의 관계에서 나는 그 여자아이의 발뒤꿈치에도 미치지 못한다는 생각이 들었다. 툭하면 현실에 야합하고, 위장하고, 감추는 나 …….

형편없는 음식이 나와도 얼른 튀어나오는 말은 "기가 막히게 맛있군요." 피곤해 죽겠는데도 최고의 컨디션인 척하기 일쑤다. 나를 위장하지 않으면서 남과 더불어 산다는 것은 대단한 내공이다. 나는 어째서 그런 용기, 그런 소탈함을 타고나지 못했을까? 바다는 거짓말을 하지 않는다. 가식은 이제 그만, 오로지 진실이다!

· · ·

하늘

나를 애먹이는 수행은 아주 간단한 것이다. 의식 안에 떠오르는 모든 것을 판단하지 않고 받아들이는 것. 의식은 항상 그대로이며, 아무것도 그 광막한 하늘을 왜곡하지 못한다는 사실을 깨닫는 것. 오늘 아침, 하늘 안에는 약간의 피로와 많은 기쁨이 있고, 아직도 사랑으로 채 여물지 못한 마음과 경련이 있다. 그래, 그냥 그 안을 잠자코 들여다보자. 하늘 안에 있는 그것들을 ⋯⋯.

· · ·

네라고
말하기

도시를 향해 달리는 기차 안에서 한 젊은이가 내게 접근했다. 내가 기독교인임을 간파한 그는 이렇게 물었다. "왜 스님 바지를 입고 있나요?" 벨크로가 부착된 이 편리한 바지가 얼마나 마음에 드는지, 옷 자체가 스님과 무슨 상관인지 그에게 어떻게 설명할까? 예수와 부처 사이를 화해라도 시켜야 하나? 그 둘이 정녕 경쟁관계인가? 싸움이라도 하고 있나? 나는 종교들이 서로 티격태격하는 것도 싫지만, 고집스러운 유아독존이나 두루뭉술한 절충주의를 표방하는 것도 마음에 안 든다. 모든 인간은 서로 형제다.

나는 하느님을 믿고 그의 아들 예수 그리스도를 믿는다. 죽음으로 모든 것이 끝나지 않기를 희망한다. 예수는 세상의 선의善意를 나에게 가르친다. 온갖 범죄와 폭력, 질병과 고통, 불의에도 불구하고 세계는 궁극적으로 온당하다. 그리스도를 따르는 것은 네라고 말하기 위해 노력한다는 뜻이다. 가장 보잘것없고 낮은 곳에서 기적이 이루어짐을 믿는다는 의미다. 물위를 걷는 것만이 기적이 아니다. 기적이란, 천상과 지상을 일상으로 온전히 받아들이고, 자기의 울타리를 벗어나 진정으로 타인을 사랑하는 것이다. 오랜 세월 나는 복음서를 머리로만 읽어왔다. 수없이 되풀이되는 그 우화들은 내게 단물이 다 빠진 것처럼 느껴졌다. 그런데 요즘 들어와 참선의 침묵수행 덕분에, 나는 그 책의 모든 말을 구체적 행동으로 뛰어들라는 호소로 듣기 시작하고 있다.

저기 지나가는 저 버스, 이 칫솔, 쓰레기봉투, 아이들의 요란한 웃음소리, 파란 하늘, 우정, 사랑, 평화 ……, 이 모든 것이 하느님에게서 유래한다. 모두 다 거대한 창조에 동참하고 있는 것이다. 근본에서 벗어나 자신의 본질을 잊고 살기란 쉬운 일이다. 하지만 어떤 얼굴이든, 심지어 극히 어둡고 표독스러운 얼굴조차 유심히 들여다보면 그 안에 하느님이 현존함을 느낄 수 있다. 나는 우리 눈에 보이는 것 이상의 무언가가 존재한다는 것이 좋다. 자신의 초월성을 포함한 모든 것을 초월해 일상의 평범함 속에 허덕이는 우리와 함께하는 신을 나는 사랑한다.

선禪은 아무리 작은 잘못도 심판하고 벌주는 신의 이미지를 걷어내는 데 큰 도움을 준다. 그렇게 해서 새로 태어난 신을 향해 나는 온 마음과 영혼을 다해 기도한다. 기도란 곧 삶을 사는 것이요, 일어서는 것이며, 사랑하는 것 그리고 해우소解憂所를 찾는 일이기도 하다. 모든 것은 허무하고 덧없는 동시에 그 자체로 완벽하고 경이롭다는 사실을 결코 잊어선 안 된다.

참선수행을 통해서 나는 신을 더 이상 소원疏遠한 존재로 보지 않게 되었다. 신은 비극 속에도, 공포와 불안, 충동 속에도, 나의 천박함과 나약함 속에도 계신다. 영적인 삶에 진입한다는 것은 바로 그와 같은, 우리보다 더 크고 더 내밀한 존재와 관계를 맺는다는 뜻이다.

**기도란 곧 삶을 사는 것이고, 일어서는 것이며,
사랑하는 것이다.
모든 것은 허무하고 덧없는 동시에
그 자체로 완벽하고 경이롭다는 사실을
결코 잊어선 안 된다.**

· · ·

욕망이란
아이들과 같다

지혜에 이르는 길은 숱한 우회로를 거치기 마련이다. 나는 지금 어느 허름한 모텔에서 글을 쓰고 있다. 이보다 저렴한 숙박업소를 찾지 못한 탓이다. 침대 옆 탁자에 놓인 콘돔상자가 장소의 성격을 말해주고 있다. 온갖 극적인 상황들, 배신과 간음, 돈으로 사는 쾌락, 바로 이 방에서 안식처를 구했을 불만 가득한 인생들이 머릿속에 어지러이 떠오른다. 이 퇴폐의 장소에서 나는 인간의 욕망이란 그 가장 저열한 수준까지도 내 아이들처럼 보듬어주어야 할 무엇임을 깨닫는다. 결단코 죄악시해선 안 된다. 오히려 잘 토닥여주어야 한다. 오늘 나는 이 방을 나만의 도장道場으로, 일종의 명상실冥想室로 결정했다. 그리고 이제 지친 몸을 누일 이 하트모양의 침대에 잠시나마 존재의 짐을 내려놓고자 했을 모든 남녀를 위한 기도를 바친다. 그들이 부디 진정한 기쁨을 누릴 수 있게 해주소서 ……

방금 아내에게 전화했다. "이해해줘. 나 지금 준화랑 홍등가 모텔에 들어와 있어. 누가 날 봤을까봐 걱정이네 ……" 그러자 정신 번쩍 들게 하는 대답이 돌아온다. "당신 아직 그 정도밖에 안 돼? 정말 세상 평판이 지금도 제일 신경 쓰이는 거야?"

탁자 위 콘돔상자 옆에는 마이스터 에크하르트의 「설교집」이 놓여있다. 그는 무엇으로부터 나를 지켜주는가? 솔직히 이 지상에 그와 같은 존재가 빛을 발했다는 사실을 아는 것만으로도 나는 위로가 된다. 이 두꺼운 책을 가슴에 꼭 끌어안고 지샌 밤이 어디 하루 이틀인가. 그를 읽다보면 어느새 신에게 한층 다가서 있음을 느낀다. 그것은 내가 무거운 짐을 하나 둘 내려놓는 데 큰 도움이 된다. 그는 나를 현재로 데려다준다. 지금 이곳을 말로 이야기하기는 쉬운 일이다. 하지만 어떻게 해야 지금 이곳에서 왜냐고 묻지 않는 삶을 살 수 있을까?

· · ·

인생에 타박상 입은
사람들

이쯤에서 되짚어보자! 나는 그리스도를 따르는 사람으로서 부처님 휘하에 들어가 공부하고 있다. 선禪은 우상들을 차례차례 소멸시킨다. 그중 나의 노력에도 불구하고 끈질기게 버텨내는 우상이 있다면, 그것은 내가 어디든 데리고 다니는 나의 자아상일 것이다. 왜 그것에 그토록 집착하는가? 우리는 익히 알고 있다, 자아상이란 대개 괴로움의 근원이라는 사실을. 모든 것이 변해도 우리 스스로 그것에 악착같이 매달린다는 사실을. 무엇보다 재미난 것은, 지금 내가 하필 이 홍등가 모텔에서 내 영적 수행의 중요한 이정표를 찾고 있다는 점이다.

어제 저녁, 준화와 나는 어떤 술집에서 하루를 마감했다. 거긴 뭐랄까, 내가 이 땅에서 찾고 있던 반영구적인 휴식을 단박에 앗아가 버릴 여자 종업원들로 득실거리고 있었다. 나는 유연하게 대처하거나 초연한 태도를 취하는 대신 온갖 인상을 쓰며 싫은 내색을 했다. 한데 덕 있는 사람은 굳이 이를 앙다물지 않고도 즐겁게 놀면서 유혹을 벗어나는 법이다.

이곳에서 삶은 내 계획을 엉망진창으로 만들기 일쑤다. 오히려 잘 됐다! 나는 이른바 사회의 '소외된' 사람들을 만나게 해달라고 친구에게 부탁했었다. 세상 한복판에 뛰어들어 지혜를 찾겠다는 뜻인데, 그건 나로서 대단한 도전이다! 안전하게 다져진 길을 벗어나 지켜보겠다는 것 ⋯⋯. 고생하며 살아온 사람들과의 만남이 곧 학교다. 가장 조악한 가면을 벗어 던지는 것 자체가 고통이다. 남의 힘을 빌려 자신에게서 벗어나는 일, 다른 곳에서 길을 찾는 일 ⋯⋯.

언젠가 이 아시아 탐방을 끝내는 날, 나는 인생에 타박상 입은 남녀들, 영적 수행을 갈망하는 사람들을 한 지붕 아래 끌어안는 결속과 연대의 집을 짓고 싶다. 세상에서 그렇게 살아가는 사람들을 이어주는 다리가 거의 없다. 이타적 참여 없는 고행은 허망한 것이다. 자신만을 중요하게 생각하는 것은 위험한 태도다. 나를 열광케 하는 삶의 이유는 바로 그런 데 있다! 이 여행을 계기로 내게 짐이었던 역할들을 홀가분하게 내려놓고 스스로 성장해서, 타인을 위한 삶을 시도해보아야만 한다.

⋯

세상 한복판에
거주하기

준화는 자기 방에서 놀고 있다. 나는 그 틈을 이용해 생각을 정리한다. 비가 억수로 퍼붓는다. 나만의 임시 도장道場에서 모처럼 편안한 기분이다. 내리는 비는 왜냐고 묻지 않는다. 좀처럼 나를 놔주지 않는 피로감만 아니라면, 지금 나는 10점 만점에 10점일 텐데. 스승님의 음성이 귓전을 맴돈다. '혜천, 지치는 것은 자네의 멘탈이네. 자넨 아직 살날이 많은 사람이야.'

우리는 송두리째 변해야 한다. 오늘 당장 도약하고 감행해야 한다. 어정쩡한 태도로는 아무것도 이룰 수 없다. 오늘 아침 나는 내 부표浮漂이자, 보루이자, 위안인 마이스터 에크하르트를 다시 읽었다. 처음 내가 그를 발견했을 때 말 그대로 벼락을 맞는 기분이었고, 그 즉시 나는 스무 권으로 된 그의 「설교집」 전체를 구입했다. 이 안내자를 잃어버릴지도 모른다는 생각이 지금 내 머릿속을 떠나지 않는다. 나로 하여금 영혼을 비운 채, 나 자신을 포함한 모든 것으로부터 나를 떨어져나가게 해줄 사람이 필요하다. 삶이 초연함을 빙자해 나에게서 스승을 앗아갈까 두렵다. 이 역시 별난 애착이겠지만. 매일 내게 필요한 모든 것을 아낌없이 베푸는 삶을 신뢰하자.

방금 「전도서」를 다시 읽었다. "나는 이 모든 것을 지혜로 시험하여 보았다. '나는 지혜롭게 되리라'고 말해 보았지만, 그것은 내게서 멀리 있었다."[36] 왜냐고 묻지 않는 삶은 일체에서, 심지어 지혜로부터도 자유로워지는 것이다! 내가 한국에 체류하며 거둔 성과만으로는 아직 그 경지에 이르렀다 보기 어렵다. 스위스를 떠나면서 나는 매일 여섯 시간씩 명상을 하기로 했었다. 첫째도 고행수도, 둘째도 고행수도, 오로지 고행수도만을 염두에 두었던 셈이다. 하지만 내가 막상 아내와 아이들을 데리고 일상의 기쁨과 고통, 예측불가능한 일들을 살아내야 할 곳은 세상한복판이다. 그러니, 닥치고 공부하자. 무엇부터 시작하느냐고? 물론 '버리기'와 '떠나기'다. 눈에 보이는 세상만을 이야기하는 게 아니다. 무엇보다 내가 되고자 하는 존재부터 버려야 한다.

. . .

자신에게서
출발하기

하루에도 몇 번씩 되풀이하는 한국어 표현이 있다. 하나는 '배고파요'고, 다른 하나는 '배불러요'다. 그것은 일상의 욕구에 내재된 맹목적인 주기성을 그대로 드러낸다. 무엇을 원하다가, 더 이상 원하지 않게 된다는 것이다.

태양 아래 먹고 마시고 즐길 수 있다는 것은 크나큰 위안이다. 「전도서」에 담긴 말씀은 옳다!

나는 마이스터 에크하르트를 뒤적이다 말고 히죽 웃는다. 어쩌다 보니 저 음험하기 짝이 없는 콘돔 상자에 눈길이 가 닿은 것이다. 그러지 않아도 영적인 삶이란, 역경으로부터 자신을 완벽하게 무장하여 더 이상 괴로워하지 않기 위해서 존재 전체에 뒤집어쓰는 거대한 콘돔과도 같다는 생각을 종종 해온 터라, 웃음이 절로 새어나오는 모양이다. 마이스터 에크하르트는 『영적 대담』에서 이렇게 말한다. "우리는 명심해야 한다. 이것을 꺼리거나 저것을 내치거나, 이런 장소, 저런 사람 혹은 이런 태도 등을 암만 피해보았자 소용없다. 그대의 고난과 역경은 그런 대상들에 있지 않다. 문제는 그대 자신이다. 세상일과 관련하여 그대가 그릇된 처신을 하고 있을 따름이다. 그러니 무엇보다 그대 자신에게서 출발하라. 진실로 말하건대, 먼저 그대 자신에게서 벗어나지 못하면 아무리 세상을 피하고 가려도 도처에서 문제에 봉착하고 말 것이다."[37]

조금 더 자세히 들여다보면, 기쁨이 벅차 터져 나오는 순간 그 자리에 나의 자아는 죽고 없다. 무조건적인 기쁨! 그것은 충동과 긴장과 욕망을 모두 끌어안은 환희다.

. . .

행복
야바위꾼들

'저것 좀 치워버리지!' 나는 지금 어느 때보다도 길을 안내해 줄 존재가 절실하다. 탁자 위 콘돔 상자엔 손가락 하나 대지 않고, 다시 마이스터 에크하르트를 손에 쥔다. 내가 이곳에 온 건 부처와 그리스도에 더 가까이 다가가기 위해서다.

요즘은 머리가 어지러울 때마다 왜냐고 묻지 않는 삶으로 돌아가기, 그것이 전부다.

먼저 '성전聖殿 장사치들'부터 내쫓아야 했다. "모두 다 치워라! 냉큼 치워버려!"라는 예수의 말씀 그대로. 성전이란 어떤 트라우마도 넘볼 수 없는 우리 자신의 성스럽고 온전한 공간을 비유한다. 왜냐고 묻지 않는 삶은 무조건 안으로 들어가 모든 것을 털어 내는 삶을 말한다. 이를테면 반사적이고 기계적인 대응들, 이런저런 상처들, 걱정과 두려움들 ……. 한마디로 싹 쓸어

버리는 것, 깔끔하게 정리하자는 것이다! 그러고 보니, 이 거창한 청소를 한답시고 벌인 나의 익살스럽고 엉뚱한 행동들을 일일이 보고하고픈 생각이 든다. 아내와 자식들을 포함하여 모든 것을 신에게 바치는 것, 이는 엄청난 도전이다! 신은 뜨뜻미지근한 것을 가차없이 뱉어낸다. 성전 장사치들, 행복 야바위꾼들, 사랑을 흥정하는 자들 ……. 그 모두를 내 마음에서 몰아내야 한다!

・・・

모순을
아우르라!

복잡한 일이 아니다. 내가 흥정하고 앉아있는 지점을 포착해 즉시 중단시킨 다음, 사랑과 애정, 동조를 구걸하게 만드는 소심함에서 나라는 존재를 꺼내주기만 하면 된다. 영적 삶이 우리를 그토록 자유롭게 해준다. 예수 그리스도는 워낙 철저한 분이라, 남의 마음에 들려는 의도 없이 순수한 사랑만 하라고 독려한다.

나는 우물 안 개구리 신세를 서서히 벗어나고 있다. 세상은 내 얼굴에 대고 방귀를 뀌어대고, 나는 광란에 들뜬 서울의 밤과 지혜를 향한 깊은 열망 사이에서 대담한 '다리 찢기'를 하는 중이다. 자신감이 넘쳐서인지, 나는 그 모든 것이 언젠가 합일할 것임을 알고 있다. "일단 살아라. 그리고 너에게서 너 자신을 들어내라!"

하루는 엄청나게 의기소침해 있는데 스승님이 이러셨다. "혜천, 자네는 고통에 시달려도 깊이가 있고 명석해!" 나로 말하자면, 깊이 없고 명석하지 않아도 좋으니 고통 없이 지낼 수 있음 좋으련만! 그런데 스승님이 다시 말씀하시는 거다. "자신을 단정하지 말게, 혜천. 자넨 그보다 훨씬 나은 사람이야! 자네 자신을 감내하고 견뎌야 하네!" 심지어 영적 삶의 영역에까지 모든 것을 침범하는 이 충동과 탐욕, 번민에는 그 나름의 절기^{節氣}가 있다. 오랫동안 사람을 얌전히 내버려두다가도, 피로에 지칠 시점이 되면 득달같이 달려든다. 그럼 나는 혼비백산하여 툭하면 나의 사랑하는 스승님께 전화를 건다. 그때마다 스승님은 인간이란 고통 속을 허우적대면서도 기쁨을 향유할 수 있다는 사실을 일깨워준다. 그렇게 전화를 끊고 나면 온갖 고뇌와 상처, 내적 갈등에도 불구하고 신에게 한층 가까이 다가간 느낌이다. 빛으로 나아가기 위해서는 자신을 너무 심각하게 생각해서는 안 된다. 어디까지나 의연한 자세를 잃지 말 것이며, 미래에 대한 걱정을 잊고, 자신을 내려놓아야 한다. 요컨대, 왜냐는 물음 없이 살아가는 거다.

스승님이 내게 전수해준 수행법은 '그러나'라는 개념을 피할 수 있게 도와준다. 나는 지긋지긋하다. 아울러 나는 행복하다. 음식은 끔찍했다. 아울러 파티는 멋졌다. 나는 신을 믿는다. 아울러 나는 의혹으로 가득 차 있다. ……

· · ·

학교 가는 길

오늘 아침, 나는 오귀스탱과 빅토린이 학교 가는 것을 지켜보았다. 공부하고 조금 더 발전해서, 약간의 나은 점수를 받아오는 모습들. 나로 말하자면, 새벽부터 보너스 점수 얻을 생각에 착한 학생이 되려고 애쓴다. 심지어 명상 중에도, 내가 이렇게 꾸준히 하면 언젠가는 깨달음을 얻게 될 것이라며 속으로 중얼거린다. 그러고는 거듭 바라고 또 바란다. 일단 간단한 수행을 해보자. 이다음, 다른 데선 더 나을 거라는 생각을 멈추는 일. 지금 이곳, 모든 게 정상이다. 결국 결정은 삶이 알아서 하는 것임을 깨달아야 한다. 아무리 발버둥 쳐봐야 우리는 신의 동반자. 그런 생각을 하자, 벌써 엄청난 짐을 더는 기분이다.

· · ·

척하기

방 정돈하는 나를 돕다말고 준화가 좌종坐鐘을 가리키며 물은 적이 있다. "그건 어디에 쓰는 거야?" 내가 좌선을 하는 동안, 그는 컴퓨터 키보드에서 손을 떼지 않은 채 심술궂게 째진 눈으로 나를 지켜보곤 한다. 그에게는 내가 대단한 수행자로 보일 터다. 나는 하느님을 믿고, 하루에 한 시간씩 명상을 하며, 기도를 한다. 그는 놀고, 적어도 내가 아는 한 기도하지 않으며, 밤늦게까지 텔레비전을 본다. 그런데 두 사람 중 누가 더 차분하고, 누가 더 안정되며, 누가 더 스트레스에서 멀리 떨어져 있을까?

그런 생각이 머리에서 떠나지 않는다. 방금 옆방을 들여다보고 왔다. 준화는 텔레비전을 켜둔 채 이불 속에 곯아떨어져 있다. 지혜를 찾는 나의 여정은 어쩌면 인간 그 자체로 존재하지 않기 위한 도피일지 모른다. 나라는 개인의 표식을 떼어내려는 엉큼한 의도 말이다.

예수와 동행했던 자들에게도 이런 티 없는 분방함이 있었을까 하는 생각을 가끔 한다. 준화는 누구도 흉내 내지 않고, 예수와 부처를 따르는 자기만의 방법을 내게 가르쳐주고 있는 셈이다.

기도하고, 착해지려 노력하고, 복음서를 읽고 ……. 그래, 그 정도만 해도 나쁘지 않다!

· · ·

표피表皮의
갈등

오늘 아침에는 에티 힐레숨의 이 문장으로 잠에서 깼다. "하느님과 더불어 그리고 자신의 음부陰部와 더불어 원만하게 살아가기는 어려운 법이다."[38] 순결이란 결코 쉬운 것이 아니다. 성적 동기에는 무수한 요소들이 개입되기 마련이다. 섹스란 결과적으로 휴식을 주고, 진정시키며, 원기를 북돋고, 위안을 준다. 그런데 어떻게 무작정 저항하나? 나는 절제에 이르는 길이, 싸우고 버티기보다는 즐거움을 적절히 맛보고 긴장을 푸는 가운데 뻗어나갈 수 있다고 믿는다. 실질적으로 내게 보탬이 되는 게 뭔지를 따져보는 것에서 시작해야겠다. 싸우고 버티는 것을 무슨 거창한 드라마로 포장하지 말고 말이다.

초인간적인 에티 힐레숨. 그녀는 인간이 고통에 허덕이면서도 타인을 위해 자신의 몸과 영혼을 바칠 수 있음을 보여준다.

모든 갈등은 표피적인 현상에 지나지 않는다는 사실도. 심연을 다스리는 것은 언제나 평화다. 무엇보다 영혼의 풍랑에 연연하지 말아야겠다.

· · ·

화두

"누구든지 내 뒤를 따라오려면, 자신을 버리고 날마다 제 십자가를 지고 나를 따라야 한다."[39] 역시 생각만큼 복잡한 문제가 아니다. 복음서의 이 문장은 세상 금은보화를 다 합친 것보다 귀한 진짜 '공안公案'[40]이다. 그 속으로 곧장 몸을 던져 나의 믿음과 통념들, 생활방식을 폭파시켜야 한다.

마치 난생 처음인 것처럼 밥을 먹으러 간다. 이해하고 판단하려는 시도 자체를 포기한다. 삶은 기적으로 굴러가는 것이다.

이 밤, 온 세상이 네온사인이다. 싸구려 술집들이 즐비한 가운데 지혜의 스승 예수가 있다. 그는 포기하라는 말을 하러 우리에게 다가온다. 아무거나 포기하란 뜻이 아니다. 우리에게 가장 소중한 것을 내려놓으라는 말이다. 바로 우리 자신을. 통념에 정면으로 배치되면서도 우리를 진정으로 행복하게 만들어줄 역설적 메시지다.

5분의 시간만 주어져도 다들 이리저리 머리 굴리기 바쁘다. '오늘 저녁은 무얼 먹을까?', '저 여자가 나를 어떻게 생각할까?', '성욕이 나를 얌전히 놔둘까?' 마음을 무겁게 하는 것부터 내려놓는 것은 어떤가. 이를테면 후회, 평판, 비교, 회한 같은 것들 ……. 매순간 현존에 충실할 것!

단연코 말해서, 인류에겐 보물 같은 존재가 다수 있다. 예수, 부처, 마이스터 에크하르트, 루미 ……. 도식圖式과 타성을 버리고 그들을 배우자! 진심으로 변하자! 그들이 간 길을 선택해, 끝까지 가보자!

· · ·

자신과의
결별

이곳은 수련과정이 혹독하다. 기분전환도 재충전의 기회도 없다. 빠르게 진행하는 학습뿐. 무엇에 관해서? 딱히 특별하달 것은 없다. 안락, 안정, 안착은 멀기만 하다. ……

마이스터 에크하르트는 말했다. "왕국을 버리고 세상을 버려도 자신을 지키는 사람은 아무것도 버리지 않은 것이다. 그러나 자기 자신을 버린 사람은 재산이든 명예든 그 무엇을 지켜도 결국 모든 것을 버린 사람이다."⁴¹ 나는 피로와 행복, 계획, 후회, 기대를 버린다. 모든 것이, 모든 것이 사라져야 한다. 누가 단념을 슬프다 하는가! 우리가 움츠러들고, 위축되고 싶어서 이러나?

대개 불행이라는 놈은 사람이 고통을 겪을 때 그 스스로 위축되고 경직되어 더 큰 고통 속으로 곤두박질치기를 바란다. 그런 고약한 반응을 어떻게 하면 근절시킬 수 있을까?

영적인 삶에는 참신한 탈脫 수련과정이 필요하다. 「무문관無門關」[42]에 나오는 첫 공안은, 개에게 불성佛性이 있느냐는 제자의 질문에 조주趙州[43] 스님이 한 수 가르치는 장면을 담고 있다. 스님의 대답은 다름 아닌 "무無"였다.[44] '무'란 우리가 모든 것을 던져 넣어야 할 불구덩이다. 실재實在와 더불어 우리 자신까지 모조리.

나의 온갖 이론들, 믿음들, 고민들은 결국 아무것도 아니다. '무'를 실천한다는 것은, 불을 통과함으로써 모든 것을 버리고 또한 모든 것을 되찾는 용기를 갖춘다는 의미다. 온유하면서도 힘 있게 세상과 나, 타인과 나 사이의 대립을 거부한다는 뜻. 고백하건대, 나는 정신 속에서 나의 아내와 자식들을 포함해 가장 소중한 것들을 바로 그 불 속에 던져버리곤 했다. 그때마다 보다 더 진실한 사랑이 거기서 솟아났다. 나는 내 아들의 이미지가 아니라 그 녀석 자체를 사랑하고 있는 거다.

독일의 시인이자 신비사상가인 안겔루스 질레지우스가 한 말은 그런 나의 생각과 일치한다. "나는 죽음을 믿지 않는다. 나는 매순간 죽고, 그때마다 더 나은 삶을 발견하니까."[45] 우리가 짊어져야 할 십자가란 이에 저항하고 반발하는 모든 것을 의미한다. 예컨대 신체적 장애랄지, 충동, 두려움, 환멸, 흥분과 좌절. 과연 '무無'의 화염방사기는 할 일이 태산이다. 나를 송두리째 내던져 새로 태어나기 전에는 이 방에서든, 성당에서든, 홍등가 모텔에서든, 식당에서든, 화장실에서든 한 발짝도 나서지 않으리라.

'무無'를 실천한다는 것은,
불을 통과함으로써 모든 것을 버리고
또한 모든 것을 되찾는 용기를 갖춘다는 의미다.

· · ·

하고 싶어와
하기 싫어

어제 오귀스탱에게 산책하러 나가자고 했다가 이런 대답을 들었다. "산책하기 싫어." 내가 누구인가, 세련된 교육자이자 모랄리스트가 아닌가! 곧바로 이렇게 말해주었다. "툭하면 '하고 싶어'나 '하기 싫어'로 때우는 걸 보니, 네가 고생을 덜했구나!" 우리끼리, 난 딱 그런 식으로밖엔 말 안 한다. …… 톱니바퀴 장치를 살펴보다가 진단을 내리고는, 골치 아프다며 슬그머니 피해버리는 식. 일본 선불교의 가장 중요한 선승 중 한 명인 사와키가 봤다면 그런 나를 이런 말로 격려해주었을지 모른다. "당신이 얼마나 많은 세월을 좌선에 매진할 것인지는 중요하지 않다. 어차피 대단한 존재가 되진 못할 테니까."[46] 뭔가 대단한 존재가 되어 두각을 나타내고자 하는 욕망은 필히 경계해야 할 요소다. 영적 삶은 생명보험이 아니다! 십 년 후 내 상처가 그대로

137

이고, 어쩜 더 나빠져 있을지도 모른다. 그러면 또 어떤가?

. . .

다
읽었네

지혜의 추구는 세상 한복판, 굳이 말이 필요 없는 가족끼리 서로 지지고 볶는 가운데 이루어진다. 오늘, 나는 녹초가 되어 여주에서 돌아왔다. 문을 열고 집에 들어서자 곧바로 눈에 들어오는 아이들의 난리법석과 한 여인의 지친 기색. "당신 사랑해"란 말을 해야 할 시점 역시 바로 이런 순간이다.

세상 번잡함 속에서 나는 불교도가 말하는 정어正語[47], 그 단순한 원칙을 망각하지 않았다. 즉 무례한 말을 삼가고, 거짓말을 하지 않으며, 불필요한 잡담을 금하고, 상처 주는 말을 피하라는 것. 그럼에도 나는 끊임없이 그 단순한 원칙들에서 어긋난다. 샤워를 하는 내내 머릿속은 온갖 잡소리로 먹먹하다. 이곳서울에서 나는 좋은 학교를 다니는 셈이다. 어쩔 수 없이 말을 줄여야 하는 처지라, 사람들에게 다가갈 새로운 방도를 모색할 수밖에 없으니까.

그 점과 관련해 최근에 엄청난 교훈을 얻었다. 나는 한번쯤 정리하는 심정으로, 지난 며칠 새 저지른 모든 잘못을 일일이 적어 스승님에게 보냈다. 사람을 죽인 것도 아닌데, 소소한 양심의 가책들이 무거운 짐이 되어 나를 짓누르고 있었던 거다. 거기서 벗어나기 위해 나는 펜을 들었고 죄를 하나하나 고백했다. 그런 다음 초조하고 불안한 마음으로 스승님의 답장을 기다렸다. 여느 때처럼 그 내용은 간단했다. "다 읽었네."

어떤 훈계도, 논평도, 한마디 설교도 없었다. 그냥 다시 시작하라는, 죄의식 속에 갇혀있지 말고 전진하라는 힘 있는 권고가 전부였다. 전혀 야단치지 않았다!

"다 읽었네." 그것은 판단하느라 주춤거리지 않는 행동, 계속해서 꿋꿋하게 길을 걸어감을 뜻한다. 그리스도 역시 부처와 같이, 자신의 결함으로 자꾸 움츠러들게 만드는 시선에서 우리를 자유롭게 해준다. 자기중심적 태도를 벗어나 집착을 넘어 멀리 나아가도록 독려해주신다.

"다 읽었네." 그것은 다시 움직이는 것, 새로 힘을 모아 처음부터 다시 시작하는 것, 앞으로 나아가는 것이다. 그동안 여러 고해신부들을 경험해봤지만, 어느 누구도 그렇게 담담하면서 심오한 선禪의 언어로 나의 영적 수행을 독려해준 적은 없었다. 혹시라도 다음에 내 아이들 중 하나가 어리석은 짓을 저지를 경우, '그러지 말았어야지' 따위의 잔소리를 늘어놓기보다는 단순히 '그랬구나!'라고 말하면서, 그 아이를 있는 그대로 끌어안아 함께 다시 시작하겠노라고 나 자신에게 다짐해본다.

모든 내면의 아픔에는 제각각 하나의 고정관념, 동일시가 따른다는 것을 나는 잘 알고 있다. '나를 그런 식으로 대하지 말았어야지'라든가, '나를 뭐로 보는 거야?' 따위. 죄의식 또한 이와 똑같은 메커니즘으로 작동한다. '다른 사람도 아닌 내가 어떻게 그런 짓을 저지를 수 있었지?' 자기중심적인 사고를 뒤흔드는 모든 것이 사람을 구원한다. 나는 누구인가? 작가, 철학자, 장애인, 이방인, 아빠 ……. 어떤 꼬리표든 그것에 나 자신을 가두는 순간 고통이 치솟는다. 그것이 바로 부처의 위대한 가르침이다! 신체적 불구는 몸뚱어리 속에 주저앉지 않겠다는 각성을 순간순간 내게 불어넣는다. 남이 바라보는 나는 물론이고 내 자신의 눈에 비친 나 또한 온전한 내가 아닌 것이다.

어제 스승님이 그러셨다, 하느님과의 만남에서 자아를 추구하는 일은 있을 수 없다고 …….

. . .

내면의
카우보이

부처는 모든 고통, 모든 고난을 해소하거나 '눈물의 골짜기'를 메워주려고 오시지 않았다. 욕심도 야무지지! 그분은 우리에게 윤회를 사는 법, 고통의 중심에서 평화를 찾는 길을 가르치러 오신 것이다.

「전도서」 역시 내게 이와 같은 자유의 진리를 가르쳐준다. 모든 것이 허물어지는 이 세상이야말로 기쁨과 평화, 안녕이 거하는 곳이라는 얘기다.

머릿속에 온갖 잡념이 들끓고 좌선하기가 힘들 때 나는 내면의 카우보이에게 도움을 청한다. 그러면 즉시 큼직한 카우보이모자를 쓰고 근사한 가죽장화에 번쩍이는 박차를 단 그가 등장한다. 담배를 질겅질겅 씹으며 허리 양쪽에 쌍권총을 찬 그는 당장이라도 총을 뽑을 기세다. 나는 얼쩡거리는 것들 깡그리 해치워달라고 부탁한다. 그때부터 일말의 잡념이라도 떠오르면 그의 총이 가차없이 불을 뿜는다. 몇 시간이 걸릴 수도 있다! 마침내 그가 일을 잘해내면, 나는 그에게 끝장을 보라고 주문한다. 잘 나가는 길에서 멈추지 말 것이며, 평화에 온전히 자리를 내줄 때 가서야 철수하라고.

머리를 날려버리고, 현실과의 싸움을 포기하며, 도처에서 적을 보는 태도를 버리는 것! 죽음, 고통, 충동, 불안, 강박이 우리 존재의 본질은 털끝 하나 건드리지 못한 채 허공으로 사라진다. 모두가 제약 없는 우리네 의식 속에 출몰하는 것일 뿐. 가끔은 그 터무니없는 망상의 급류를 두 팔 벌려 너끈히 끌어안아도 될 것처럼 컨디션 좋은 날이 있긴 하다. 아무리 격한 상황에서도 나는 그것이 결국 지나갈 풍랑임을 안다. 그래서 지나가게 가만히 내버려두는 것이다.

물론 나도 가끔은 아내와 다툰다. 그러나 부부사이의 불화 역시 임시성의 영역에 속함을 나는 알고 있다. 최악의 상황을 포함한 모든 것이 스쳐 지나는 것일 뿐, 부질없다. 문제는 내가 그것을 내버려두지 못하고 자꾸 매달리면서 스스로 괴로워한다는 점이다. 명상을 하면 모든 현상의 과도기적인 성격에 눈을 뜰 수 있다.

장애, 사별, 아픔 ……. 이런 것들을 직접 겪으면 그것이 일시적이라는 생각을 하기 힘들다. 그러나 조금 더 자세히 들여다보면, 나의 불구를 똑같은 방식으로 2분 이상 체감하지 못하고 있는 나 자신을 발견하게 된다. 만사가 상황이나 기분, 그때그때의 능력에 따라 달라진다. 내가 어쩔 수 없는 장애인이라고 확정하면서 상황을 고착화시키는 것은 머리의 농간일 뿐이다. 어떤 면에서 지금 나는 내 장애를 실험 중이라고 생각해야 한다. 피로감 자체를 통째로 해결하기보다는 매 순간 그것을 치열하게 의식할 때인 거다.

. . .

너 자신을
죽여라!

선禪에는 이런 말이 있다. "부처를 만나거든 부처를 죽여라."
어제 목욕탕을 나서면서 가슴 깊이 나의 소명을 직감했다. 어떤
상황에서도 기쁨이 가능하다는 사실을 보여주는 것! 나는 즉시
스승님께 편지를 썼다. "저는 스승님을 향한 무조건적인 사랑을
느끼고 있습니다. 하지만 그것이 기쁨을 추구하는 데 조금이라
도 방해가 되면, 저는 주저 없이 제 갈 길을 갈 것입니다." 스승
님이 없었다면 내게 이런 자유가 주어질 리 없다.

우상을 죽이고, 광신狂信을 죽이고, 확신을 죽인 다음 새로
태어나는 것! 그렇다고 의무가 사랑을 대신할 수는 없는 법이다.
우상을 파괴하는 일에는 인내와 유연함이 필요하다. 성질 까다
로운 독종이 되자는 게 아니라, 오히려 항상 더 많이 사랑하자
는 것이다. 모든 것은 내면에서 이루어진다. 거기 너 자신이 눈

에 들어온다면, 그 즉시 너를 죽여라! 진정으로 아이들 곁을 지키고 아내를 사랑하며 이웃과 일상을 소중히 여기려면, 너를 죽여라!

이것은 온유한 폭력이다. 겉으로 드러나는 것은 아무것도 없다. 이를 가는 것이 아니라 화사하게 웃으면서 자신을 죽이는 것이니까. 자아의 이미지를 파괴한다는 것은 온갖 상처와 잘못, 장애, 고통, 우리 모두의 불완전함을 끌어안고 앞으로 나아가는 것을 의미한다. 나를 죽임으로써 단순함이 살아나고, 진정성 있는 선의와 강인한 사랑이 태어난다.

죽기를 두려워하지 않는 것, 끊임없이 나를 재창조하는 것. 필요하면 언제든 내가 연기하고 있는 인물을 쳐내버릴 수 있다는 것!

다만 선禪이라는 것이 일종의 충격요법인 만큼 환자에 따라 강도를 조절하는 것은 마땅한 일이다.

이제야 나는 니체의 말에 귀 기울일 준비가 되어있다. "타인을 돕기 위해 나는 무엇을 할 수 있나?"[48]

자아의 이미지를 파괴한다는 것은
온갖 상처와 잘못, 장애, 고통,
우리 모두의 불완전함을 끌어안고

앞으로 나아가는 것을 의미한다.

. . .

감사

|

오늘 아침, 오귀스탱에게 아빠는 어쩌면 좋으냐고 묻자 돌아온 대답이 "하느님한테 물어봐"였다. 내가 이곳에 온 건 지혜의 샘을 만나 속박을 끊고, 기쁨과 평화와 사랑으로 나아가기 위해서다. 정녕 신과 하나 되겠다면서 남이 간 길을 답습하려 하다니, 잘못도 한참 잘못이다. 이런 내가 한 걸음도 떼지 못한들 놀랄 일이 무엇인가?

즐거움 속에서 아주 경박스럽게 깔깔 웃어대며 신과 가까워질 수는 없나? 오늘 아침, 아들 덕분에 나는 내 안 깊숙이, 아무런 기대 하지 않고, 즐겁고 겸허하게 가라앉을 수 있다.

엄숙하고 음울한 태도로 신앙에 접근하는 것은 엄청난 잘못이다. 준화와 실없는 장난질을 하면서도 나는 성스러움에 맞닿아있다. 나는 진심으로 믿고 있다. 내 앞에 이 친구를 놓아두어 평생 꿈도 꿔본 적 없는 개구쟁이를 깨어나게끔 만든 것이 다름 아닌 신의 섭리라는 사실을. 그 친구와 고카트 경주를 하고 유쾌하게 장난치면서 나는 삶이 기세등등해지는 걸 느낀다. 내 아내나 스승님이 심술 맞은 트집쟁이였거나 꼬장꼬장하니 남의 흥이나 깨는 사람들이었다면, 나는 아마 웃고 장난칠 수 있는 단계를 결코 경험하지 못했을 것이다. 저녁에 텔레비전 앞에서 닭다리 뜯어가며 익살을 떨고, 자기 전 항상 좌선을 하면서 하루를 마무리하노라면, 내 가슴 깊은 곳에서 우러나는 단어 하나가 있으니 다름 아닌 '감사!'였다.

영적인 삶은 나로 하여금 의존성을 피하게 할 뿐 아니라 심각한 정신상태를 멀리하게 만든다. 아침에 스승님이 내게 말했다. "혜천, 나는 자네를 매우 사랑하네. 하지만 언제든 여기서 벗어나고 싶으면 일초도 주저하지 말게!" 이 성스러운 신부님께선 나를 끝까지 믿어주신다. 아무한테나 매달려 툭하면 애정을 구걸하는 이 대책 없는 녀석을 갈수록 더 자유롭게 풀어주시는 거다. 그는 내게 마지막으로 당부하셨다. "평화가 꿈쩍도 하지 않는 수준으로까지 내려가게. 앞으로 몇 년이 걸릴지 모르는 길이네. 자신을 내려놓게. 내려가는 거야!" 나는 조심스럽게 신발을 고쳐 신은 다음, 가부좌를 튼 채 꿈쩍도 하지 않는 신부님을 마지막으로 흘끔 바라보았다. 그는 선의로 충만하면서 어딘지 짓궂은 눈빛을 반짝이며 씽긋 웃어주었다. "파도를 지켜보게! 그

149

높은 파도가 조용히 지나가는 것을 지켜보란 말이야!"

. . .

왜냐는 질문 없이
뛰어들라

|

깊은 바닥까지 내려가 신과의 대화를 시도하는 것. 좋다! 신앙을 조롱하는 사람들과 불쾌한 무신론자들이 쓴 책이 봇물처럼 넘쳐나는 세상이다. 저들의 야유를 무시한 채 방에 틀어박혀 기도하려면 어떻게 해야 하나? 고백하건대, 나는 하느님의 음성보다 그들의 목소리에 훨씬 더 자주 신경을 쓴다. 주님 말씀에 진심으로 귀 기울이기는커녕 공연히 생트집이나 잡는 것은 대체 무슨 심보인지. 남이 하는 말을 통해서가 아니라 직접 나서서 하느님을 알고, 기쁨과 행복, 지혜를 터득하려고 애써야 한다.

모처럼 혼자서 기도할 때면 이런 비아냥거림이 귓전을 맴돈다. '지금 너 혼자 중얼거리고 있는 거야, 알렉상드르! 벽에 대고 떠드는 거라고, 너 혼자 상상하고 있어. 정신 차려! 정말로 신이 내려와 네 말을 들어줄 거라 생각하는 거야? 너 자신이 뭔가 대단한 존재라도 되는 줄 아는 모양이지!'

지혜의 샘[49]을 혼탁하게 만드는 진흙, 자갈이 참 많다.

일부 신자들이 하는 말도 거기서 크게 벗어나지 못한다.

"불교도와 어울리면서 무얼 하겠다는 거지? 동시에 두 주인을 섬길 수는 없는 법이야! 선禪이라는 건 일종의 도피행위이고, 에고를 죽이는 짓인데, 사람에게는 에고가 필요해."

그러고 보면 오귀스탱 말이 맞다. 모든 잡소리와 편견을 떨쳐버리고 내재성을 심화하기 위해서는 신과 직접 소통하는 용기가 필요하다.

남들에게 인정받고 동의를 얻으려는 이 채워지지 않는 욕망은 왜 생기는 걸까? 니체가 군거본능群居本能을 이야기했다지만……. 술집이든 찻집이든 나는 가는 곳마다 내가 섞일 만한 사람들을 찾으려고 애쓴다. 성경에 남을 사랑하라는 계명은 신을 섬기라는 계명의 뒤를 잇는 것이다. 추정컨대, 신과 더불어 자유롭고 넉넉한 관계를 맺는다면 누군가에게 나를 꼭 해명해야 한다는 이 답답한 감정에서 자연스럽게 벗어날 수 있으리라. 남에게 의존치 않고도 신 안에서 얼마든지 마음의 안정을 구할 수 있다.

프로이트, 니체, 마르크스의 도움 없이, 자신보다 위대한 존재와 직접 관계를 맺는 것이 중요하다. 그들은 자기 뜻과는 무관하게 온갖 투사와 묘사를 통해 항상 나를 신에게 데려다주지만, 그중 누구도 신 자체를 직접 목격하지 못했다.

왜냐는 질문 없이, 심지어 낙원을 바라지 않고서도 신의 품에 뛰어들 줄 알아야 한다. 솔직히 말해서 나는 죽음 이후의 삶 같은 건 아무래도 상관없다. 그런 식의 영원한 안식과는 무관하게 나는 신을 숭배할 것이다. 마이스터 에크하르트는 '내게 이걸 해줘 저걸 해줘', '내 병을 낫게 해줘', '내게 평화를 가져다줘', '나의 가족을 지켜줘' 등등 신을 마치 하인처럼 부리려 하는 신자의 마음을 통렬하게 나무란다.[50] 나는 계명을 지킨다. 신이 내게 평안과 건강 그리고 할 수 있다면 번영까지 베풀어주길 바라며 내가 할 수 있는 모든 것을 다 하는 것이다. 베르나르 성인[51]은 나의 한계, 나의 부족함을 꿰뚫고 계신 천상의 아버지 품안에서 도움을 청하는 것이 그다지 나쁜 일은 아니라고 귀띔해준다. 내 마음 속 마이스터 에크하르트의 엄격함에 미묘한 변화가 일어나고 있는 것이다. 비록 사심이 섞였다 해도 일단 첫발은 내디뎌야 신의 무구한 사랑에 다가갈 수 있다.

· · ·

뜻밖의 상황이
우리를 자유롭게 한다

라인강변의 신비주의자 마이스터 에크하르트는 나의 기도를 하나로 모아 '당신 뜻대로 이루소서'라고 말하며 매순간 긍정의 길을 걸어가도록 용기를 베풀어준다. 때론 화도 나지만, 괜찮다. 내 바람대로 되는 일 하나 없어도, OK이다.

자신을 조금이라도 더 벗어나게 해달라는 것 말고는 신에게 아무것도 요구하지 말자.

나의 이런저런 계획을 해체시켜버리는 일상. 허세부릴 때의 준화. 신체적 장애와 그에 따른 가혹한 제약. 이 모두가 나를 신에게 가까이 데려다준다. 자신에게서 벗어난다는 것은 결코 서글픈 일이 아니다. 그런 움직임에 거부감이 든다 해도 문제없다.

고행수도를 하거나 의지를 불태우는 것보다 나는 신의 도움을 더 신뢰한다. 매일 뜻밖의 상황이 알아서 나를 자유롭게 해주기에, 그것만으로도 안심이다.

자신에게서 벗어난다는 것은 결코 서글픈 일이 아니다.
그런 움직임에 거부감이 든다 해도 문제없다.

· · ·

덜함의
기술

대한민국 땅을 밟기가 무섭게 나는 치유를, 기적을 기대하고 있었다. 그러나 치유한다는 것은 규칙을 지나치게 벗어나지 않고, 그렇다고 도사가 되려고 애쓰지도 않으면서 어떤 길을 꾸준히 밟는 걸 의미한다. 이 험난한 이국땅에서 스승님은 내가 근본적인 변화에 혹하도록 놔두지 않았다. 그야말로 심오한 깊이를 가진 스승다운 자세가 아닐까 싶다. 그는 나에게 아무것도 팔지 않고, 아무것도 약속하지 않는다. 그저 완만하게 진행되는 분만과정, 해방이 이루어지는 현장을 함께해줄 뿐이다. 내가 상처들과 싸우며 몸부림칠 때 그가 조용히 다가와 십자가의 성 요한을 떠올려준 일이 몇 번이던가. 인내심을 발휘하기란 어쩌면 죽은 사람을 다시 살리기보다 어려운 일일지 모른다.[52]

영적인 삶이란 작은 일탈을 시도하는 것, 정해진 일상과 성향에 자신을 내맡기지 않고 끊임없이 지금 이 순간의 신비로 되돌아오는 것이다. 역설적이게도 각종 반사행동과 무의식적 반응, 기질에 따른 습관들을 벗어 던지기 위해서는 새로운 습관에 길들 필요가 있다. 나는 잘 정돈되고, 단순하며, 평온하고, 물 흐르는 듯 투명한 수도자의 삶을 언제나 동경했다. 그러면서도 정작 일상의 단조로움이라든지 약간의 구속조차 견디질 못한다. 툭하면 이 약 저 약 바꾸려드는 환자는 결국 건강을 망치는 법!

나는 참선의 순수성을 꿈꾼다. 하지만 나 자신 워낙에 무딘 사람이라 언감생심이다. 온갖 책들로 가득 채운 이 여행가방은 또 뭔가. 『해심밀경解深密經』, 요한 23세[53]의 『영혼의 일기』, 쥘리앵 그린의 『프란체스코 형제』, 4대 복음서, 「전도서」에 관한 책들, 마이스터 에크하르트의 『설교집』……. 이쯤에서 그만! 숨이 찬다.

어쩌면 그렇게 시작하는 것일 수도 있겠다. 체로 거르는 가운데 오롯이 드러나는 무엇. 당장은 하나의 텍스트를 확실히 파고들자. 그 자양분을 섭취하자. 음미하자. 향유하자.

뜻만 많이 품어봐야 행동 한 번의 값어치만 못하다. 마이스터 에크하르트 앞에서 질세라 잘난 척할 순 있겠으나, 그의 해탈을 실천하는 것은 전혀 다른 차원의 문제다. 지금 이곳에서의 구체성, 행동들이 요구된다. 우선 나의 습관들을 추적하면서 그 자체를 즐기고, 서서히 나의 지표들을 벗어나, 내 마음에 부담을 주는 모든 것을 차츰차츰 내려놓는다.

아시아로 이사 오면서 나는 플라톤, 아리스토텔레스, 도원 선사, 니체, 스피노자 그리고 루미에게 작별인사를 고해야만 했다. 그들은 아직 어설프나 제법 풍성했던 내 서가書架의 거주민들이었다. 예전의 왕성한 소비충동이 이번 여행길에 오르면서 모든 걸 벗어 던지고자 하는 욕망으로 탈바꿈한 셈이다. 말에 행동을 일치시키고 나의 생활을 정돈하는 것이 마음의 자유에 관한 만 가지 이론보다 훨씬 더 큰 도움이 되어주었다. 영성靈性을 추구한다는 것은 극도로 현실적인 문제이고, 몸과 일상에 하나 됨이다. 구체적인 방법을 취하는 것, 예기치 못한 것을 받아들이는 것, 땅에 두 발 딛고 서는 것이다. 우리를 구원하는 것, 그것은 생활의 기술이요, 실천이며, 일어서고, 눕고, 기도하고, 사랑하는 어떤 방식들이다. 하루하루 모든 것은 다시 시작된다.

간디는 말했다. "단순하게 살아라. 그래야 남들도 단순하게 산다." 짐을 좀 덜기 위해서, 나는 약간의 실랑이 끝에 아이들을 동원해야 했다. 그렇게 다같이, 우리는 재활용 쓰레기를 버리는 장소로 나가곤 했다. 거기 큼직한 수거함 속에서 내 눈에 뛴 것은 전에 빅토린이 갖고 놀다 버린 작은 플라스틱 악어인형이었다. 그날 그 짐승은 장난기 가득한 윙크를 내게 보내며 이렇게 속삭이는 듯했다. '다음에 플라스틱 물건을 살 때는 나를 생각

해. 주위를 잘 둘러봐! 설마 저 낡은 DVD 박스들, 깨진 텔레비전 세트들이 행복이라고 생각하는 거야?'

반면 닻줄을 푸는 것, 또 다른 삶을 감행한다는 건 얼마나 보기 드문 행복인가!

진정한 기쁨은 갑작스럽게, 나중에 찾아왔다. 루미이건 플라톤이건, 그 모든 패거리와 작별할 각오로 나는 그들에게 적절한 위탁가정을 찾아주어야 했다. 자연스럽게 교도소가 떠올랐고, 즉시 연락해보았다. 제공할 책 상자는 모두 세 개였다. 그것들을 전달하는 순간, 안겔루스 질레지우스가 가르치는 길을 만나고 도원선사의 권고에 귀 기울일 수감자들 생각에 나는 절로 미소가 새어나왔다.

당장은 요한 23세가 하신 말씀을 명심하자. "어제, 존경하는 교회역사 교수께서 내게 정말 긴요한 조언을 해주셨다. 그건 책을 적게 읽되 잘 읽으라는 말씀이었다. 독서에서 건진 참된 지식을 나는 매사에 활용하리라. 많지는 않지만 제대로 말이다."[54] 교황으로서 전복적인 가치를 주장하고, 상식을 뛰어넘는 진리를 가르친다는 것, 모든 것이 우리에게 더 많이 사 모으고 더 많이 챙겨라 채근하는 세상에서 덜한 것을 중시하고 덜한 방향으로 가라고 역설한다는 사실 자체가 나는 마음에 든다. 중요한 건 양이 아닌 질이다.

선에 관한 책을 읽으면서 만난 어떤 일화가 무엇보다 확실하게 내 서가의 지형을 바꿔놓았다. 하루는 이노우에 선사[55]가 물통을 발로 차더니 제자에게 물었다고 한다. "이것은 무엇이냐?" 제자는 그 공안의 해답을 찾지 못해 한참을 골몰했다. 어떻게 하면 사변思辨 속에서 길을 잃지 않을까? 그러던 어느 날, 더이상 견딜 수 없어진 제자는 대뜸 물통을 발로 찼다. 그러자 비로소 선사가 하는 말, "바로 그거다!"[56] 영적인 삶의 물통을 발로 차는 것, 그것은 세상 속으로 돌아와 더 이상 멘탈의 노예, 정신속에 갇힌 신세로 살지 않는다는 것이다. 다만 나날의 실천사항으로 다음만큼은 준수하자.

＊ 매일 명상 한 시간

＊ 오후 네 시 이후로는 폭식을 피한다. 사실 소식小食은 그 자체가 스스로를 단련하는 즐거움이다. 천성적으로 식도락을 즐기는 나는 다음과 같은 타협책을 찾아냈다. 점심을 두둑이 먹고 되도록 저녁식사는 거르는 것. 바로 어제부터 시작했다.

＊ 주변에 도움을 구하는 이가 있으면 힘닿는 대로 돕는다.

＊ 왜냐고 묻지 않으며 산다. 있는 그대로의 삶을 의연하게 끌어안는다.

· · ·

사치와
무상無償

영적인 삶에서 돈의 올바른 용법이란 무엇인가. 오늘 종일 이 문제가 내 머릿속을 떠나지 않았다.

아침 여섯 시, 나는 명상을 하기 위해 서강대학교로 향했다. 가늘고 차가운 빗줄기가 입고 있는 옷을 파고들었다. 길을 가면서 나 홀로 머릿속을 걷고 있는데, 문득 차들 사이로 어떤 할머니가 눈에 들어왔다. 자기 몸집보다 훨씬 육중한 수레에 판지와 폐지들, 스티로폴을 산더미처럼 쌓고서 힘겹게 비탈을 오르고 있었다. 아침부터 저녁까지 수많은 사람들이 폐기물을 수거해 분류센터로 가져가고, 거기서 나오는 보잘것없는 보수로 근근이 생계를 이어간다.

왜냐고 따지지 않는 묵상 속에서 타인을 위해 언제든 몸 던질 각오를 한다는 것.

나는 프란체스코 형제의 삶을 곱씹고 있다. 그는 옷감을 파는 갑부상인 베르나르도네의 아들이었지만 가진 모든 것을 버렸다. '가난'이라는 여인을 아내로 맞아 비천한 사람들과 더불어 새롭게 살기 위해 일체를 벗어 던진 것이다. 글자 그대로 발가벗은 것이다.

나는 지금 당장 무엇을 버릴 준비가 되어 있는가? 하지만 식사가 나오자 정신없이 퍼 먹는다. …… 몸의 요구, 결핍의 두려움이 나를 욕심쟁이로 만든다.

모든 걸 다 살 수 있는 건 아니다. 고생을 암만해도 얻는 것 하나 없을 수 있다. 바야흐로 작은 위험을 감수할 때다. 무상의 행위 말이다. 나는 나의 좌선까지도 무언가 득이 되기를, 그걸함으로써 결국 어떤 것을 이루어내기를 기대한다. 그런 내가 오늘, 무상의 호사를 누려보기로 하는 것은 어떤가? 서울은 모든 것을 놓아버리기에 이상적인 장소다. 내 뒤통수를 치려고 벼르는 사람이 아무도 없다.

・・・

모든 걸
다 살 수 있는 건 아니다

죄책감이 들었다. 어제 아침에 본 그 할머니를 어떻게 하면 도울 수 있는지 몇몇 사람에게 물어보았다. 의견은 대충 이랬다. "너 혼자 지구를 구할 수 있는 건 아니잖아." "그런 상황은 죄다 구조적인 문제이니 신경 꺼." "그 사람들은 허리힘이 탄탄하지만, 너는 아니야." 그렇다면, 이렇게 되새김질이나 할 것이 아니라 즉각 행동에 나서자. 과연 오늘 나는 실제로 누구에게 도움의 손길을 내밀 수 있을까?

선禪이 나를 붙들고 늘어져 끊임없는 질문 공세를 편다. 너의 하느님은 누구인가? 너의 우상들은 어디 있나? 내 삶에 돈이라는 신이 죽었다면, 아니 보다 정확하게 말해서 태어난 적도 없다면, 지금 나와 돈의 관계는 다소 복잡해진다는 점을 고백해야겠다. 이 문제와 관련해 어떤 선승께서 이런 가르침을 주셨다. "알렉상드르, 돈을 똥같이 치부하는 그대의 사고방식이 바로 그대가 문제를 전혀 해결하지 못했음을 보여주고 있습니다." 한국어로 '돈'과 '똥'의 발음이 비슷하다는 게 참 재미있다. 나 같은 이방인은 자칫 헷갈리기 쉽고, 실제로 둘을 종종 혼동해서 말한다. ……

내가 이곳에서 구입한 책들 ……. 유럽으로 돌아가는 날, 그것들을 어떻게 챙길 것인가 벌써부터 문제다.

소유함, 소유 당함. ……

나는 ― 그다지 이른 편은 아니지만 ― 모든 걸 다 가질 수 없음을 잘 안다. 모든 게 마음먹은 대로 되진 않는다. 예컨대, 준화를 제외하고 나는 친구가 별로 없다. 이메일을 날리고, 통화 몇 번 하거나 명함 몇 장 돌리는 식으로 친구가 생기는 것은 아닐 터다. 그것은 있다가도 없는 일종의 선물이다. 계산한다고 주어지는 게 아니다.

나는 방금 스승님에게 이 문제로 푸념 삼아 편지를 썼다. 해맑은 아침의 나라에서 왜 여태껏 내게는 신통한 친구가 없냐고. 그분 답장이 나를 일깨운다. "너는 정확히 친구가 무어라고 생각하느냐?" 나는 무어라 대답할지 모르겠다고 털어놓을 수밖에 없다! 솔직하게 말해서, 당장은 외로움을 달래기 위해 필요한 존재랄까. 참선의 가파른 비탈을 내려와 나 자신을 잊기 위해 잠시 어울려 지낼 가벼운 동무!

군이 돈을 이야기하지 않아도 우리는 어떤 사상이나 삶, 건강, 가족, 배우자, 친구 등을 소유한다고 생각할 수 있다. 어제 나는 아들 녀석에게 결국 모든 것은 우리가 잠시 빌려 쓸 뿐이라고 말해주었다. 그동안 내가 돌아다닌 모텔 방 침대들이 그렇듯. 부산에서든, 목포에서든, 이태원에서든 조금이라도 안락한 장소를 만나면 나는 곧장 그곳에 눌러앉고 싶어 했다. 소유를 바랐던 셈이다. 타보르 산[57] 정상의 그리스도는 그런 유혹을 느끼지 않았다. 그는 성스러운 변모를 겪은 뒤, 지체 없이 그곳에서 내려와 제자들과 합류했고 인간들에게 자신을 내어주었다.

나는 만끽하던 즐거움이 끝나면 어떻게든 그것을 다시 찾으려고 애쓴다.

오늘 아침 내게 찾아와 준 평화. 나는 그것을 금고 속에 넣어 보관하고 싶어 한다. 그냥 놓아두자. 그리고 비영속성 속에서 그것을 향유하자. 일체가 지나가는 것이니, 조용하게 지나가도록 놔두자. …… 아시시의 프란체스코 성인이 마음을 비운 것은 슬픔의 일환이 아니다. 그가 보여주는 것은 감옥에서 벗어나 자유로워진 자의 희열이다!

· · ·

감정의
은행

지독한 교통체증 속에서 나는 짐수레 끄는 할머니를 다시 보았다. 만약 내 가족의 운명이 걸려있다면, 나는 돈을 벌기 위해 모든 걸 무릅쓸 준비가 되어 있을 것이다. 나날이 잠 잘 자고 밥 잘 먹을 땐 돈이라는 것을 별 대수롭지 않게 여기기 쉽다. 소유한 것을 하찮게 여긴다고 해서 내가 자유로워지지는 않을 것이다. 진정한 풍요는 일상을 소중히 여기는 데 있다. 언제나 나는 나만의 은행을 찾는데, 그곳 금고들은 안전과 안락, 인정과 즐거움으로 가득 차 있을 것 같다. 매일 그 가상의 금고들을 향해 뻔한 길을 가느냐 마느냐는 온전히 내 마음먹기 달린 일이다. 언제든 물질적인 것에 초연할 수 있다면 그건 내 처지가 심각하게 궁하지는 않기 때문이다. 반면 평정 혹은 감정의 목마름은 어찌할 것인가? 그 영역에서 나는 밤낮으로 여전히 '할머니의 짐수레'를 끌고 있다.

오늘의 수행. 왜냐는 질문 없이 주되, 아무것도 기대하지 말 것.

· · ·

광활한 대양 같은
믿음

모든 것이 허물어진다 싶을 때 믿음을 갖고 침착하게 기다리는 것, 그냥 지나가게 놓아두는 것. 그것이 오늘 내가 주목한 마이스터 에크하르트의 가르침이다. 단지 이 표현만으로도 이미 내 마음은 편안해진다. '광활한 믿음'! 내 영적 안내자의 말씀을 읽고 또 읽는다. "인간으로서 아무리 신을 사랑해도 지나치지 않는 것과 마찬가지로, 인간으로서 아무리 신을 믿어도 지나칠 수 없습니다. 인간이 이룰 수 있는 어떤 업적도 신을 향한 인간의 광활한 믿음만큼 풍요로운 결실을 맺을 수는 없을 것입니다."58 나의 끈질긴 결점들과 하루하루 부닥치는 난관들, 부족한 믿음까지 그야말로 모든 것을 품어 안는 대양과도 같은 광활한 믿음을 그려본다.

지상의 학교에서 나는 툭하면 낙제다. 삶이 내게 어찌나 후

한지 갑자기 그 물줄기가 뚝 끊길까 두렵다. 그런 면에서 아이들은 곧 나의 스승들이다. 녀석들은 자기들 아빠를 철석같이 믿는다. 그 아빠라는 사람이 장애를 앓고 있다는 사실은 그들에게 아무런 문제가 되지 않는다. 상대가 완벽한가를 따지지 않고 그냥 자신을 맡기는 거다.

나는 믿음을 지나치게 이상화하는 버릇이 있어, 지금 여기, 매일 부닥치는 세상에서 혼자 어렵사리 터득한 믿음은 간과하는 경향이 있다. 어서 경계를 풀고자 하는 욕심에, 모든 것이 순조롭게만 굴러가는 어떤 삶을 기대하기 때문이다. 하지만 내가 나 자신을 내려놓아야 할 곳은 바로 이곳, 험난하고 아슬아슬한 세상이다.

장 아누이[59]가 정확히 간파했다. "신은 인간들에게 특별함을 요구하지 않는다. 그저 자기들에게 내재하는 이 작은 부분, 즉 신이라는 존재에 대한 믿음을 바랄 뿐이다. 약간의 고도高度를 유지해주기를 바라는 거다. 그러고 나면, 나머지는 그가 다 알아서 하겠다는 거다."[60]

이런 거창한 문제에 관해서 나는 결코 노련하지 못하다. 모든 일이 최악으로 치닫는 경우라면 과감하게 나를 놓아버릴 수도 있겠지만, 삶이 내게 최소한의 여지라도 허락한다면 잔뜩 움츠리고 저항하면서, 모든 걸 통제하고 싶어 할 거다.

어떻게든 자신만 믿는 이런 자세를 경계하긴 하지만, 또한 그것이 없다면, 아마 TV를 통해 날마다 쏟아져 들어오는 세상의 온갖 나쁜 소식에 휩쓸려 온전히 살아남지 못할 거라는 생각이다. 도처에 불의와 부정, 가난과 죽음이 넘치는 세상이다. 이제 나보다 더 큰 무엇에 대한 믿음을 찾아야 한다. 비참한 나의 에고가 아닌 삶에 대한, 신에 대한 신뢰 말이다.

· · ·

조금씩
아주 조금씩

모텔 방에 콕 틀어박혀 이 글을 쓰는 동안 귓가에 텔레비전 소리가 들린다. 준화는 방문도 잠그지 않고 자기 침대에 널브러져 곯아떨어진 상태. 훤칠한 키와 당당한 체격, 근육질 몸매가 그를 돋보이게 하는 건 인정해야 한다.

무언가를 믿는다는 것, 그것은 여전히 모든 것을 의지로 환원시키고 에고에 절대권능을 부여하는 것이다. 그냥 믿음 안에 존재하는 것, 그것이 중요하다!

연습 삼아 첫걸음을 내디뎌보자. 의심과 두려움을 잊어버리기. 그리하여 아이의 시각을 되찾기.

셀레스트와 함께 지하철을 탈 때 그 아이는 이런 식으로 따지지 않는다. '나는 지금 뇌가 고장 난 아빠와 함께 서울 한복판에 있다. 우리는 계단을 백 개도 더 올라가야 한다. 과연 우리가 해낼까, 해낼 수 있을까?' 셀레스트는 믿음 안에서 자라고 있다.

만약 내가 믿음 안에 단계적으로 안착하는 것이 힘들다면, 일단 판단을 유보하고 멘탈에서 들끓는 상투적인 걱정들부터 지나가게 잠시 두고 보면 될 것이다.

내친김에 한 걸음 더 나아가보자. 나를 내려놓기가 다음 코스다. 조금씩 아주 조금씩 덜함의 방향으로 나아가기. 그리하여 싸움을, 통제하고자 하는 욕심을 놓아주기. 심지어 믿음조차 놓아버리기.

당장은 가소로운 수준이다. 하지만 나는 지금 이 보잘것없는 믿음을 믿어야 한다. 보물이 그 안에 있음을 느낀다. ……

조금씩 아주 조금씩
덜함의 방향으로 나아가기.
그리하여 싸움을, 통제하고자 하는 욕심을 놓아주기.
심지어 믿음조차 놓아버리기.

· · ·

페달
놓치기

믿음은 늘 현재형이다. '나중'을 노리는 짓은 그만두어야 한다! 이따금 나는 아이들을 바라보며 생각한다. 내가 어떻게 하든 인생은 바다로, 대양으로 흘러가는 한 줄기 시냇물이라고. 제아무리 굽이굽이 파란만장해 보여도 말이다. 파란만장 속에서도 깊은 고요의 경험은 얼마든지 가능하다.

믿음 안에서 이득을 취하자는 것이 아니다. 내 맘대로 하겠다는 욕심을 놓아버리는 것, 잠깐의 페달 놓치기를 인정하고 받아들이는 것이 관건이다. 그런 실제 체험에 나는 엄청난 신뢰를 둔다.

요컨대, 인위적인 믿음은 여전히 너무 많은 요구에서 나온다. 정작 중요한 것은 아무것도 하지 않는 것, 매순간 자신을 놓아주는 것일지 모른다. 종종 나는 안전하지 않은 곳에서 안전을 찾는다. 이번 여행길에 오르면서부터 나는 일단 물에 뛰어들어야 함을 깨닫기 시작한다. 흔들리지 않는 부표를 찾는 짓은 그만두어야 함을 실감한다. 그런 것은 거의 없으니까!

나는 아이들을 바라보며 생각한다.
내가 어떻게 하든 인생은 바다로, 대양으로 흘러가는
한 줄기 시냇물이라고.
제아무리 굽이굽이
파란만장해 보여도 말이다.

. . .

의혹이라는
삶의 도구

나는 우리 집 큰 애 둘이 귀가하는 광경을 창문으로 몰래 지켜보고 있다. 아이들은 지하통로로 사라졌다가 활기찬 모습으로 다시 나타난다. 두 눈 크게 뜨고 조심스레 지켜보기만 하면 될 일 가지고, 나는 분명 과도하게 영화를 찍는 경향이 있다. 그 아이들의 적응능력을 이젠 웬만큼 믿어도 좋으련만. 재앙의 시나리오와 파국의 장면을 피해 삶의 기적이 잡다한 걱정의 뇌관을 제거해준다. 내게 숱한 트라우마를 남긴 생의 이력 역시, 조금만 생각해보면, 저들이 살아남으리라는 것을 알게 해준다. 일단 지금은, 그것으로 안심이다.

사람이니까 누구나 죽을 것이다. 당연하다. 비관론자들의 시각은 언젠가는 분명 맞아떨어진다. 그래서 무사하기를 모색하고, 최대한 그걸 누릴 이유가 더 느는 것이다. 우리 집 두 초등

학생은 하루하루 그렇게 희소식을 배달해준다. 아이들이 힘차게 내미는, 깨질 것 같은 선물!

믿음이란 의혹을 차츰차츰 잊어가는 것이다. 아니 의혹을 도구 삼아 오히려 현실에 대한 우리의 음울한 걱정을 무력화시키는 것이다.

믿음이 부실한 자여, 너의 조바심이 당장 사라질지어다!

· · ·

실없는 장난의
힐링

이 아침, 나는 5만원을 내고 묵은 신촌의 한 모텔에서 눈을 뜬다. 옷가지를 정돈한 다음, 몸을 씻었다. 옆방에서는 어떤 커플이 보란 듯 사랑을 나누고 있다. 아래층 입구에는 쑥스러운 표정의 젊은 남녀가 첫 경험을 나누기 위해 부모님 집에서 멀리 떨어진 이곳으로 찾아든다.

샤워를 하면서, 나는 또 하루 종일 글을 쓰고, 사색하고, 음식을 먹고, 준화와 함께 떠들썩하니 웃을 내 존재의 입자 하나하나를 문질러 닦는다. 아이 셋을 세상에 내놓은 이 몸뚱어리를 업신여기다니, 나도 참 배은망덕하다. 오늘은 육체적 고통이 잠잠하다.

몸, 영혼, 정신, 육체 ……. 하나의 전체를 가리키는 단어가

참 많기도 하다. 어제, 준화는 어리석은 이 몸뚱어리를 아버지처럼 자상하게 씻겨주었다. 깔끔하게 면도를 해준 다음, 종업원은 내 눈을 빤히 들여다보면서 반은 영어로 반은 한국말로 이렇게 말했다. "아저씨, 장애만 아니면 한국여자들이 줄을 서겠네!" 나는 그 말을 어떻게 받아들여야 할지 난감했다. '혜천, 그대가 무언가에 집착하고 어떤 이미지와 동일시하는 바로 그 순간, 고통은 시작된다. 그리스도는 어느 한 역할에 스스로를 동일시한 적이 없다. 그는 순수한 자유 그 자체였을 뿐이다.'

장애가 없는 알렉상드르는 완전히 다른 존재일 거라는 점을 준화에게 어떻게 설명할까? 하긴 그런 가정이 무슨 의미가 있겠나. 목욕탕 안에는 남자 두 명이 있고, 두 개의 미소, 네 개의 발, 네 개의 손, 두 쌍의 엉덩이 그리고 하나의 장애와 재미 보는 네 개의 눈이 있을 뿐. 불구는 겉모습에 지나지 않는다. 모든 게 정상이다.

책과 심각한 생각들, 역할들에서 멀리 떨어져 준화와 함께 샤워를 하는 동안 나는 죽고, 유쾌한 무언가로 다시 태어난다. 아무 생각 없이 맘 편하게 실없는 장난을 치면서 영혼이 가벼워진다. 유럽에서는 얼마나 많은 남자아이들이 이런 우애 넘치는 관계를 서로 꺼려하는가! 나는 상처가 그만 사라져주기를, 그래서 나를 좀 가만히 내버려두기를 오랜 세월 기도했다. 이 몸뚱어리에 언제나 고맙다는 말을 해주진 않았다. 미워하지는 않았지만, 성가시고 흉하다고 생각했다.

마음의 상처는 어린 시절의 탈의실로 거슬러 올라간다. 거기엔 정상아동을 위한 공간과 '장애자를 위한 구석'이 넘을 수 없는 벽으로 차단되어 있었다. 이런 자세한 이야기를 하는 것은 다시는 그와 같은 차별이 없었으면 하는 마음에서다. 모든 사람은 똑같은 조건에서 교육받을 권리가 있다.

상처는 언제나 우리가 생각하는 곳에 있는 것만은 아니다. 이치만 따질 줄 아는 사람들이 얼마나 많이 내게 이런 말을 던졌는지 모른다. "가서 정신과 상담이나 받아보지 그래. 도움 될 거야!" 다행히 나는 아무 계산 없이 우정과 사랑으로 밝게 웃으며 살펴주는 의사들을 백색가운이나 디방(정신과에서 환자가 눕는 긴 의자)이 아닌 다른 곳에서 발견했다.

어쩌다 한번 떠오르면 좀처럼 뇌리를 떠나지 않는 오랜 사연이지만, 나는 그 모든 체험을 통해 다른 사람의 정신적 상처에 보다 큰 관심을 기울여야겠다는 각오를 다진다. '정신과 상담을 좀 받아봐!'라든지 '차라리 나가죽어!'라고 말하기 전에, '내 이웃을 돕기 위해 구체적으로 무엇을 할 수 있지?'라고 나 자신에게 묻는 거다.

바깥에서 보면, 샤워하면서 깔깔거리고 장난치는 게 완전히 미친 짓처럼 보일지 모른다. …… 그러나 안에서 보면, 그걸로 모든 게 달라진다. 치유가 된다! 표면만 보고 판단하는 눈은 기적을 방해한다.

샤워하면서 실컷 웃는 가운데, 나는 또한 끝까지 나를 사랑하고 내게 힘이 되어주는 아내를 떠올렸다. 얼마나 자유로운가!

179

얼마나 사랑으로 충만한가! 그녀의 절대적인 신뢰가 하루하루 나를 낫게 한다.

표면만 보고 판단하는 눈은 기적을 방해한다.

· · ·

감사요법

불만족에 대한 치유책으로서, 다른 사람 덕분에 내가 존재한다는 사실의 깨달음으로서, 감사하는 마음은 끊임없는 해방감을 준다. ……

지금 눈앞에 차려진 구운 송어, 절인 양배추, 레모네이드와 아내의 환한 미소 덕분에 나는 살고 있다.

조금 있으면 준화가 면도를 도와줄 것이다. 그런 다음, 한국어 선생님이 스카이프(Skype)에서 나를 호출해 학습 진도를 나갈 것이다.

감사요법을 통해 자신을 재교육하고 재활한다는 것. 그것은 쿠에(1857~1926. Émile Coué.) 선생의 뜻에 따라 무작정 좋은 생각에 집중하자는 것과는 다르다.

역겨운 음식 앞에선 노골적으로 싫은 내색을 하는 나이지만, 아내가 매일 정성껏 만들어주는 요리 앞에서는 즐거운 표정을 짓는 것조차 깜빡하기 일쑤다.

감탄한다는 것은 결코 겉으로 드러내 호들갑떠는 것이 아니다! 현실에 바짝 다가가 눈을 크게 뜨고, 있는 그대로 현존하는 것이다. 아무리 좋은 쪽으로 시선을 돌려 보라. 항상 있기 마련인 기분 상하는 일이 얼마나 잽싸게 시야를 가로막는지!

결국 감사하다는 말은 일체가 순환하고, 서로 나누며, 주고받는다는 자각에서 나올 수 있는 말이다. 한 걸음 더 나아가면, 어떤 날들은 실제로 그런데, 나의 장애와 시련조차 고맙게 느껴질 수 있다.

마이스터 에크하르트는 그 점에서 내게 많은 도움을 준다. "신은 각자에게 가장 긴요하고 소중한 무언가를 베푸신다. 가령 누군가를 위해 옷을 한 벌 만들 때, 그 옷은 입는 사람의 치수에 맞게 재단되어야 한다. 어떤 이에게 맞을 옷이 다른 이에게는 결코 맞을 수 없는 이유다. 그렇게 우리는 각자 자기에게 적합한 것을 자기 몫으로 취하기 마련이다. 마찬가지로 신은 각자에게 가장 긴요하고 소중한, 제일 적절하다고 보이는 무언가를 점지해주시는 거다."[61] 그야말로 신비주의자가 요구하는 엄청난 관점의 전환이 아닐 수 없다. 발생하는 모든 일이 그 자체로 나를 위한 최선이라니. 심지어 머리 위에 떨어지는 엄청난 기왓장까지도!

행운, 그것은 불운과 더불어 잘 처신함에 있다.

하지만, 마음에서야 '감사합니다' 하더라도, '젠장', '빌어먹을', '지긋지긋해'가 우선은 훨씬 더 입에 잘 붙는 판국이니!

만사가 수행修行, 해방의 과정이거늘 …….

· · ·

멘탈
들여다보기

정신이 과도한 충격을 받았을 땐, 명상하지 않는 나 자신을 지켜보아야 한다. 동요하는 멘탈을 가만히 들여다보는 것, 그 자체가 이미 명상이다. 아무것도 하지 않기. 정신을 차리고 의식이라 부르는, 그 무엇도 어지럽힐 수 없는 무구한 창공에 무슨 일이 벌어지는지 그냥 바라보기. 내면의 몸을 주시하면서 통증과 경련을 일일이 기록하고, 그것이 언제 풀리는지 가늠하고 있기. 강박들이 거듭 도래했다가 저절로 하나둘 사라질 때까지 내버려두기. 나머지는 저 위에서 알아서 하실 일!

좌선의 수행은 간단하다. 아무것도 바라지 않고, 심지어 마음을 비운다는 생각조차 하지 않는다. 그냥 겸허하고 편안하게, 내가 명상을 하기엔 어림없는 처지임을 직시한다. 그것만으로도 이미 훌륭한 변화를 이룰 수 있다!

오귀스탱은 가끔 걷잡을 수 없이 짜증을 부릴 때가 있다. 그러면 나는 아이 손목을 잡아끌고 아주 조용한 그 애 방구석으로 함께 들어간다. 우리는 둘이서 쉬운 수행법을 골라 몇 번이고 되풀이해 시도한다. 불교의 어떤 문헌에서는 인간의 정신상태를 작은 원숭이에 비유하고 있다. 널을 뛰듯 가지에서 가지로 미친 듯이 건너다니는 원숭이 말이다. 이때 한없이 너그러운 마음으로 다가가 조용히 속삭이는 거다. '착하지 우리 원숭이, 진정해야지.' 필요한 만큼 수행을 반복하되, 절대로 흥분한 짐승에게 목소리를 높여선 안 된다. 나는 우리의 에고와 두려움, 흥분을 상대로 말을 붙이는 이런 방식이 마음에 든다. 힘으로, 의지로 밀어붙이는 것으로는 아무것도 이룰 수 없다. 우리의 멘탈은 억지로 길들여지지 않는다. 조금씩 아주 조금씩 자유로워진다.

. . .

에고를
거역하다

나는 정식으로 명상에 입문하기 위하여 이곳에 왔다. 그런데 진도를 나가다보면 명상이 내 능력을 벗어나는 일임을 문득문득 실감할 때가 있다. 그럴수록 내가 명상에 통달해서, 하나의 테크닉으로 익히고, 더 잘 할 수 있는 요령들로 정리하고픈 욕심이 커진다.

명상이란 매순간 '네'라고 말하기를 연습하는 것이다. 나의 온갖 결점들, 고통들에 '네'라고 말해주는 것이다. 그것은 복종의 학교이며, 때로는 모질게, 때로는 온화하게, 그보다 더 자주 공허하고 무미건조하게 나타나는 현실을 있는 그대로 받아들이는 자세다. 뿐만 아니라 나는 매사 답을 구하려는 의지, 위안을 갈구하는 힘겨운 이 욕구에서도 벗어나야 한다. 특히 나는 지혜의 목소리에 귀 기울여 그 근원을 파고들고자 할 때, 에고를 내세워 나 자신의 의지에 과도하게 몰입하는 성향이 있다. 나의 한국이름 혜천慧泉은 내 관심이 지나치게 밖으로 나돌 때마다 안겔루스 질레지우스의 말씀을 떠올리게 해준다. "신을 향해 울부짖지 말라. 샘은 그대 안에 있으니, 출구를 틀어막지만 않으면 샘물은 끝없이 흘러나올 것이다."[62]

나는 외부의 영향에 민감한 타입이다. 내 정신은 툭하면 잡다한 이야기들로 흐려지고, 실제로 적막에 빠져드는 경우는 극히 드물다.

무엇이든 바꾸려고 애쓰지 말고, 개입하려들지 않으면서, 그저 지나가는 이 모든 것을 지켜볼 수 있도록 노력하자.

· · ·

인내의
학교

말하자면 나는 지금 안식년을 지내는 셈이다. 물론 어느 정도 공부도 해야 하고, 강의도 들어야 하며, 기초 수준의 언어도 습득해야 한다. 하지만 그 모든 일정을 소화하고도 여유시간이 꽤 있다. 그래서 친구를 사귀려 하고, 뭐 좀 재미있는 일 없을까 주변을 두리번거린다. 스승님은 내게 그런 생활방식을 떠나 덜함의 삶을 감행해보라고 권하신다. 이를테면 컴퓨터를 끄고, 페이스북을 끊는 등등 ……. 하긴 내가 텅 빈 것보다 소란스러운 분위기를 좋아한다고 말할 수도 있겠다. 고즈넉한 전원에 묻혀 살기보다 바쁜 일상을 맴도는 걸 더 즐기는 것 같기도 하다. 무상의 눈길로 세상을 관조하기는커녕 말이다.

사실 살면서 고생을 어지간히 했다. 지금은 인생에서 일종의 보상을 바라는 편이다. 인생이 내게 '빚진' 미납금을 지불해야 마땅하다고 생각한다. 이만 하면 경악할 만큼 계산적인 멘탈 아닌가! 그런데 행복이란 바로 그런 계산을 덜 하는 것이다.

시간은 물론 돈이기도 하지만, 그보다는 평화다. 달리기를 포기하면 기쁨과 평정에 성큼 다가갈 수 있다. 나는 종종 우리의 멘탈이 정적靜寂을 견디지 못해 날뛰는 작은 원숭이라는 생각을 곱씹는다. 살아있음을 느끼기 위해 끊임없이 움직여야만 하는 원숭이. 한국에서 운동화를 끌고 돌아다니면서부터, 나는 어떤 경우에도 걸음을 서둘지 않겠다고 결심했다. 그런데 …… 아니나 다를까, 그 결심은 얼마 못 가 산산이 부서지고 말았다! 상점이든, 화장실이든, 약속장소든 나는 닥치는 대로 뛰어다닌다. 어디 그뿐이랴, 숱한 전화 통화와 이메일, 붉은 신호등, 그밖에 나를 가만 두지 않는 온갖 상황들 ……. 이따금 나는 집을 나서다가 엄청 붐비는 교차로를 만나면 그 앞에 우두커니 서서 주위를 유심히 지켜보곤 한다. 그러면 인종과 나이를 불문하고 수많은 사람들 머릿속을 미친 듯 뛰어다니는 작은 원숭이들이 바글바글 눈에 들어온다.

스승님은 환상을 버리고 우상숭배에서 벗어나라고 나를 가르치신다. 하긴, 조계사 사찰에서 휴대폰을 악착같이 붙들고 있는, 또한 붉은 신호등을 무시하고 쏜살같이 내달리는 스님을 직접 구경하리라고 내가 어찌 상상이나 했겠는가. …… 내가 그리던 선의 신화, 그 속에 등장하는 코끼리 걸음과는 너무도 먼 광경 아닌가!

'빨리빨리'의 횡포라고나 할까. 시간을 벌고자 하는 욕망은 줄기차게 그 폐해를 확대하는 중이다. 나로 말하자면, 우선 백화점이나 지하철에서 줄을 설 때 기다리고 인내하는 법을 다시 배우는 일이 시급하다. 모든 곳이 학교다.

이 점에서 역시 「전도서」가 확실한 도움을 준다. 에르네스트 르낭의 탁월한 번역으로 잘 알려진 다음 구절들을 나는 읽고 또 읽는다.

"하늘 아래 모든 것에는 시기가 있고 모든 일에는 때가 있다.

태어날 때가 있고 죽을 때가 있으며,

죽일 때가 있고 치유할 때가 있으며,

심을 때가 있고 부술 때가 있으며,

지을 때가 있고 뽑아낼 때가 있으며,

슬퍼할 때가 있고 춤출 때가 있으며,

울 때가 있고 웃을 때가 있다.

돌을 모을 때가 있고 돌을 흩을 때가 있으며,

얼싸안으면 좋을 때가 있고 얼싸안으면 나쁠 때가 있으며,

꿈을 좇거나 꿈을 삼갈 때가 있으며,

물건을 간직할 때가 있고 물건을 버릴 때가 있으며,

꿰맬 때가 있고 찢을 때가 있으며,

말할 때가 있고 침묵할 때가 있으며,

미워할 때가 있고 사랑할 때가 있으며,

전쟁의 때가 있고 평화의 때가 있다."[63]

모든 상황이 안 좋게 돌아가고 만사가 제자리걸음일 때, 꿋꿋이 살아가기 위해서는 용기를 가져야 한다. 그래야 과민반응하지 않고 인내심을 발휘할 수 있다. 운명론을 가르치는 교육자도 체념의 사상가도 나를 인내의 미덕에 심취하도록 이끌지 못했다. 나는 오로지 사랑과 기쁨, 감사의 과정을 통해 인내에 눈을 떴다. 한때 그것이 비겁함의 소산이 아닐까 의심하기도 했지만, 인내란 결국 삶의 축복이자 담대함, 힘, 믿음의 누이였다.

물론 정상적인 '빨리빨리'는 꼭 필요할 것이다. 그렇지 않다면 어디 이 세상 사람이랴! 당장 물에 빠져 죽을 판에 지푸라기라도 붙잡는 사람을 누가 비난할까?

모든 상황이 안 좋게 돌아가고
만사가 제자리걸음일 때,
꿋꿋이 살아가기 위해서는 용기를 가져야 한다.
그래야 과민반응하지 않고
인내심을 발휘할 수 있다.

. . .

파도에
몸 맡기기

참으라는 말은 내게 스트레스를 주고 발끈하게도 만든다. 어떤 경우에 그것은 심지어 학대가 될 수도 있다. "너 참 고생하고 힘든 줄 알지만, 참아라! 오래 가진 않을 테니까!" 이와 같은 맥 빠진 말은 아무런 도움이 안 된다!

우선 인내라는 것이 결코 단념에 이르지 않는 능력임을 직시하자. 우리는 불길 속에서도, 상처 속에서도 참아야 할 때가 많다. 15세기 이슬람 수피 시인인 자미는 이렇게 말했다. "그대는 신비신앙을 통해 자신으로부터 벗어나기를 갈망하고 있다. 그대는 지금 그 자리에서 꼼짝하지 않고 숱한 시련의 상처를 견뎌야 한다." 과연 자미는 불가능한 일을 주장하려는 것일까? 그는 나더러 무언가를 덮어놓고 참으라기보다는, 지금 이 순간 스스로를 온전히 맡기라는 뜻임을 깨우쳐준다. 다음 일은 다음 몫으로 넘기는 거다!

파스칼은 신앙 없는 사람들에게 믿는 자의 행실을 모방해 신앙의 문을 열라 했거늘, 참을성 없는 사람이라면 의당 평정한 마음의 침착함을 따라야 하는 것 아닐까? 일단 현재 내 자리를 지키면서 아무것도 하지 말되, 단지 파도가 지나가는 것을 정신 차리고 주시하자. 설사 거기 휩쓸려 잠기는 한이 있더라도 말이다.

· · ·

수호천사

오늘 아침 '수호천사'가 시끄럽게 초인종을 울려댔다. 매번 올 때마다 그녀는 전투태세 돌입이다! 내게 힘든 점을 물어보고 하나하나 해결해준다. 일상을 잘 정돈하는 것은 정신의 평화에 도움이 된다. 나는 하루를 체계화하는 방식이랄지 급한 일에 대처하는 법, 예기치 못한 상황을 치러내는 등 세세한 일들의 중요성을 오랜 세월 등한시해왔다. 집안정리, 음식섭취, 일찍 잠자리에 드는 생활태도, 남을 구체적으로 돕는 행위, 나 자신 적절히 쉬어주는 일 따위의 의미를 과소평가해왔다.

왜냐고 묻지 않는 삶은—역설적이게도—엄격함을 넘어 하나의 체계화된 방법, 기술을 요한다. 임기응변에 능하려면 그만큼 특별한 재능을 갖춰야 하는 것이다. 하루 스케줄을 대충 때우고 넘어갈 때마다 나는 그에 대한 대가를 치렀다. 요컨대 일정을 덜 잡아 최대한 자유롭고 싶은 이 유혹은 여전하다.

이제부터 비망록이 가벼워지는 한이 있어도 삶의 유연한 가동상태를 유지하자. 온갖 혼란과 고통 속에서 꿋꿋이 살아가야 하기에, 맑고 명징한 정신과 정리된 생활태도가 더더욱 절실하다.

한국 여자 친구는 내 손톱발톱을 깎아준 뒤 아이들이 신나게 뛰어 노느라 엉망으로 만든 옷가지를 수선해주었다.

"왜 우리를 위해 이 모든 일을 해주는 거지?"

내가 물으면 그녀는 이렇게 대답한다.

"나는 부처님 친구거든."

나는 스위스에 살 때 남을 위해 별로 한 일이 없었다. 예수님 친구 행세를 하면서도 말이다!

잠시 후, 우리는 골치 아픈 외국인 등록증 문제를 해결하기 위해 출입국관리 사무소로 달려가야 한다. 힘들어하는 나를 달래며 수호천사가 말해준다. "사람이 살고 죽는 문제도 물론 중요한 일이야. 하지만 살아가면서 우리가 하나하나 치러내야 하는 작은 문제들 역시 무시해서는 안 돼." 순간 나는 정신이 번쩍 들면서 할 말이 없어진다. 내게 일상의 온갖 걱정거리를 풀어 설명해줄 뿐 아니라, 나를 도와 그 모두를 해결하기 위해 셔츠가 땀으로 범벅이 되는 걸 보면, 이 친구는 분명 나의 수호천사 맞다.

헤어지면서 그녀는 아이들 학교에도 들러 규정된 절차를 밟아야 한다고 내게 귀띔해준다. 그러면서 서류를 한 장 내미는데, 나는 서두르느라 읽어보지도 않는다. 나는 얼른 빅토린을 데리고 학교로 걸음을 재촉한다. 빅토린이 누구를 만나러 가는 거냐고 묻는다. 대답은 '나도 모르겠다'이다. 그러자 애가 이런다. "맙소사, 어디서, 언제, 누구랑 약속했는지 아무것도 모르는 거네!" 이와 같은 삶의 아기자기한 장면 앞에서 나는 웃음이 터져 나올 수밖에 없다. 교정에 들어서자 수위가 쪽지에 메모를 적어준다. 무슨 말인지 나는 알 수 없지만 빅토린이 얘기해준다. "아빠, 지금 종이를 거꾸로 들고 있어. 우린 교무실로 가서 김 선생님을 만나면 돼!"

분명하다. 끊임없이 호들갑떠는 멘탈로는 아무것도 되는 일이 없다. 그런 정신상태는 피로감과 두통만 불러올 뿐이다. 달리기를 멈춘다는 건 주저앉을 각오도 한다는 뜻이다. 그 자체로 엄청난 노력이다. 왜냐고 묻지 않는 삶, 그것은 짐을 더는 것, 놓아버리는 것, 산만함을 피하는 것이다.

당장은 일상의 세세한 문제들을 그냥 두고 바라본다. 한 달에 한번, 연습 삼아 누군가의 수호천사가 되어보는 것도 나쁘지 않을 것 같다. 인정을 갈망하는 무거운 부담을 벗어 던지고 자선과 효율의 날개를 다는 것.

신과 하나 됨은 구체적인 일이다. 성 요한 클리마쿠스[64]가 내게 날개를 달아준다. "주님을 사랑하는 자는 자기 형제부터

사랑했음이 틀림없다. 두 번째 사랑이 첫 번째 사랑을 체험했다는 증거일 테니 말이다." [65]

· · ·

음식을
먹는 방법

나는 우연히 기초적인 불가佛家의 지침서를 접한 것만으로도 고행수도를 향한 열정에 불붙을 수 있었다. 인생에서 득도得道까진 아니더라도 우리에게 유익한 것을 찾아 속속들이 실천해보는 것은 여전히 중요하다. 만약 하루에 한 시간씩 나 자신을 다스려 얌전히 명상하지 않았다면 이미 오래 전에 나는 절망 속에 주저앉아버렸을 거다! 생존의 막중한 현장에서 육체와 어떤 관계를 유지하느냐는 결코 사소한 문제가 아니다. 어떤 수도자들의 경우 하루에 한 끼 식사만 한다는 사실을 어디선가 읽은 후로 나는 그들을 따라하려 애쓰는 중이다. 그런 나로 하여금 길을 가다 말고 군침 돌게 만드는 상황이 얼마나 많았을지 굳이 말할 필요는 없으리라! 이 작은 수행은 아주 훌륭한 결실을 가져오고 있다. 우선 허기가 심하게 느껴질 때, 나는 기아에 허덕이는 사람들과 즉각적인 공감대를 형성하려고 노력할 수 있게 된다.

어떤 수도원들에서는 식사를 시작하면서 다음과 같은 말을 암송한다. "이 음식을 제 몸의 건강을 보존하기 위한 약으로서 취하지만, 그것이 제 영적 상승에 도움이 되어야 함을 잊지 않을 것입니다."66 식사 개시와 더불어 지나친 탐식을 경계하기 위해 나쁘지 않은 방법 아닌가!

아무튼, 성기가 됐든 위가 됐든, 본능이 기승을 부리는 문제에서 이런저런 유혹에 저항하거나 덤덤하게 지나갈 수 있으려면 상당한 수준의 노력과 초연한 마음자세가 필요하다. 배가 터지도록 먹어대지 않으려면 먹는 법부터 다시 배워야 한다. 식이요법을 통한 이 작은 수행에 몰두하면서, 나는 맛을 즐기며 실컷 먹을 때보다 음식 자체를 훨씬 더 소중히 여기게 되었다. 그러나 무엇보다 중요한 변화는 내 몸과의 일체감이 더욱 확연해졌고, 몸의 리듬에 귀 기울일 줄 알게 되었으며, 그 법칙에 보다 유연하게 부응할 수 있게 되었다는 점이다. 완벽을 기하기 위해서는 이런저런 고행수도를 변덕스럽게 기웃거리지 말고, 지금 하고 있는 수행을 꾸준히 이어가는 것이 숙제이리라.

나는 음식을 섭취하는 행위 이면에 그냥 배를 채운다는 것 이상의 무엇이 분명 존재함을 잘 알고 있다. 맛난 요리를 먹는 즐거움 말고 그보다 훨씬 더 중요한 의미가 작용하는 것이다. 섹스의 경우에서와 같이, 결핍에 시달리는 인간은 휑한 마음을 보상받기 위해 감자튀김 한 상자나 스테이크 한 접시, 맥주 한

박스의 도움을 빌리게 되어 있다.

장담하건대, 내적인 평화와 휴식을 깊이 향유할 줄 아는 사람은 결코 어떤 것에 의존하면서 얽매이지 않는다.

그것이 바로 빛나는 프란체스코 성인의 영성이다. 쾌락을 악의적으로 매도하지 않으면서 선함을 취하는 것.

나는 식탁 앞에서 종종 인간의 의식이 온갖 영양분을 가득 함유한 거대한 솥과 같다는 생각을 떠올릴 때가 있다. 가끔은 거기서 우리의 눈물을 쏙 빼곤 하는 양파를 씹기도 하고, 감미로운 맛이 풍부한 요리를 만나기도 한다. 그리고 보다 자주 밋밋하고 싱거운 음식을 맛본다. 모든 것이 그 엄청난 분량의 수프 속에 포함되어 있는 것이다. 그러니 거기서 양파를 건진다 한들, 거대한 솥 안에 떠다니던 양파 한 조각에 불과하다는 생각을 즉시 할 수 있어야 한다.

요컨대, 나는 제대로 먹는 법을 모른다는 사실을 나 자신이 잘 알고 있다. 패스트푸드를 허겁지겁 삼키고 배가 터져라 먹어대는 건 자신 있지만, 한 끼의 식사를 신성한 순간으로 변화시키는 것은 내 능력을 벗어난다. 불교의 진리를 개괄적으로 담은 책들은 나 같은 탐식가들이 더듬어 나아갈 수 있는 훌륭한 트랙들을 제시해준다. 예컨대, 지금 막 씹고 있는 달콤한 고구마의 근원을 머릿속에 떠올려볼 수 있다. 그것은 우주의 은혜로운 기운과 고생 심했을 농부의 거친 손길에 힘입어 흙에서 자라났을 것이다. 그리고 접시에 얹히기까지 궤짝에 담겨, 트럭으로 운반되었음에 틀림없다. 달콤한 고구마 한 알은 우리에게 그런 식으로 감사를 훈련할 기회가 되어줄 수 있다.

　마찬가지로 갈비 한 대를 맛있게 먹을 때, 나는 내게 먹히게 끔 생명을 빼앗긴 소에 대해 생각해볼 수 있다. 이 경우 단지 동물에게 고맙다고 말하는 것보다 더 나은 방법은 깨끗이 육식을 끊는 것이다. 사실 나는 말로만 채식주의자다. 지금 생각에는 육류 소비를 당장 중지하는 것이 가장 적당하다고 보지만, 솔직히 성장기 대부분을 장애인 시설에서 지내며 워낙 질 나쁜 고기들을 억지로 먹어온 터라, 당시 어린 마음에 나는 언젠가 잃어버린 시간을 만회할 기회가 오면 제대로 된 스테이크 요리를 실컷 사먹겠노라고 단단히 벼르곤 했다. 이런 처지를 뛰어넘어 뱃속의 탐욕이 더 이상 동물의 영역을 침범하지 않기를 바라면서도, 나는 여전히 과거의 결핍을 어리석은 방식으로 보상하고 있는 중이다. ……

　오로지 감사하는 마음으로 삶의 풍요를 기리기 위해 식사의 기술부터 다시 배워야 할 터, 여기 그를 위한 식단이 있다! 자고로 마음수행이란 쾌락의 먹이가 되고자 하는 우리의 타고난 성향에 역행하기 마련이다. 그깟 케이크 위에 버찌 한 알 없는 것이 무슨 그리 대수이겠느냐 할지 몰라도, 바로 그 버찌라는 것 때문에 우리는 종종 제정신을 잃는다.

　이제는 내가 성장하기 위해 먹는다는 점, 지혜의 심연으로 가라앉아 구원을 향해 걸어가는 나의 몸을 든든히 하기 위하여 음식을 섭취한다는 사실을 명심하자. 이 팔다리와 손, 이 머리가 조금이나마 세상에 쓸모 있는 것이 될 수 있게끔 챙기고 돌보는 것이다.

요즘 나는 음식을 절대로 버리지 말아야 함을 새롭게 깨치고 있다. 선禪의 전통에서 그것은 엄하게 금지된 행위다. 이와 관련하여 전해 내려오는 이야기가 하나 있다. 어느 날 승려 지망생 둘이 내심 선망하던 사찰을 향해 길을 걷고 있었다. 한참 가는데 문득 길가 개울물에 파 한 뿌리 떠내려가는 광경이 눈에 들어왔다. 둘 중 한 명이 그걸 보고는 소리쳤다. "우리가 들어가려는 절은 저렇게 사람 먹을 채소를 마구 버리는 모양일세. 아무래도 그곳에선 제대로 공부가 안 될 거야." 한데 바로 그 순간, 저만치 선승 한 분이 헐레벌떡 뛰어오면서 이렇게 외치는 것이었다. "혹시 파 한 뿌리 떠내려가는 것 못 보셨습니까?"[67]

한국에 살면서부터 나는 식탁에 차려진 엄청난 양의 음식을 보며 종종 놀라곤 한다. 하지만 그 역시 소중한 교훈을 담고 있음은 분명하다. 차려진 모든 음식은 넉넉한 마음과 정신으로 기꺼이 받아먹을 것!

. . .

낙원의
길목

매우 생소한 상태에서 한국을 찾은 나는 이곳이라면 길목마다 부처와 마주칠 거라 상상하고 있었다. 그런데 하루 24시간, 일주일 내내 영업을 하는 동네 소형 슈퍼마켓에서 어린 종업원 여자애가 주인에게 맞고 있는 장면을 본 거다. 갑작스러운 현실로의 회귀라고나 할까!

계산대 앞에서 빅토린은 눈을 돌렸다. 주인은, 아침부터 저녁까지 주방세제라든가 소주, 맥주, 오징어포 따위를 팔아온 소녀의 따귀를 때리고 있었다! 순간 나는 그녀의 수호천사가 되어 정의를 실현하고, 그 안타까운 운명에서 소녀를 구해주고 싶었다. 하지만 어떻게? 처량하게도 내가 할 수 있는 건 아무 말 없이 가게를 나오는 게 전부였다.

크든 작든 상점들을 구경하는 것이 내게는 하나의 즐거움이다. 나는 공허를 메워주고 필수품을 장만하기 위한 장소는 언제 어디서나 존재한다고 믿는 사람이다. 그런데 최근 한 한국인이 우리 집 냉장고를 열어보고는 혹시 북한에서 쳐들어올까 봐 걱정이냐고 묻는 거였다. 먹을거리로 얼마나 빼곡이 들어차 있었으면 ……. 결핍의 두려움이 일상의 삶 구석구석까지 위세를 떨친다.

아이들과 함께 우리의 탐험은 슈퍼마켓에서 시작된다. 장을 보면서도 어찌나 맛볼 먹거리가 많은지, 넷이서 눈요기만 해도 배부를 지경이다. 오귀스탱이 대뜸 소리쳤다. "아빠, 저것 좀 봐! 게가 아직도 살아 움직여!" 인간의 잔인성에 의해 산 채로 포장된 동물의 서글픈 몰골!

미어터질 듯한 상가를 거니는 것 자체가 매번 공부다. 내겐 진정 무엇이 필요한가?

상점들을 헤집듯 돌아다니면서 나의 목표는 약간 변했다. 더 이상 결핍을 메우려는 헛된 발걸음은 하지 않는다. 대신 긴장을 풀고, 삶을 구경하며, 관찰하고, 맛보기 위해 그곳엘 간다. 그리고 빈손으로 그곳을 나오는 것, 훨씬 훈훈해진 마음과 도착했을 때보다 다소 두둑해진 배로 그 길목들을 빠져나오는 것이 나의 즐거움이다. 사람은 쉽게 달라지지 않는다!

손에 칼을 쥔 채 활짝 웃고 있는 고깃간 아주머니나 생선장수와 눈을 맞춰가며 바로 이와 같은 진열대 사이를 지나갔을 예수님과 열두 제자를 머릿속에 떠올린다. 도대체 우리는 왜 신이라는 존재를, 저 높은 구름 속에 앉아 아래를 굽어보며 인간들을 준엄하게 심판하는 모습으로 상상하는 것일까? 만약 상가 역시 하나의 신전, 하나의 감동적인 성당과 다르지 않다면? 어떻게든 최선의 흥정을 이끌어내려 애쓰는 아주머니, 수박이 잘 익었나 더듬어보는 아저씨, 모두가 결코 덧없지 않다.

바로 이 6층짜리 '대성당'에서 나는 조용히 입을 다물고 절제의 기쁨을 누려본다. 아니다, 나는 저런 대형 텔레비전 별로 필요 없다. 감자튀김 상자를 군말 않고 지나칠 때의 자유로운 기분이란! 무엇보다 중요한 건, 이곳에서 내가 아이들에게 너그러운 마음을 가르칠 수 있다는 사실이다. 예컨대, 줄을 설 때 나이 드신 분들께 자리를 양보하도록 유도한다. 이런 장터도 꼴찌가 우두머리인 낙원의 길목으로 얼마든지 변모할 수 있다는 생각이 나는 참 마음에 든다. 하늘의 문들 역시 사소한, 거의 무의미할 정도로 하찮은 행동에 의해 열릴 수 있다면?

· · ·

자유로움의
희열

교통 혼잡, 뜻밖의 사태, 말다툼, 신경발작, 만성피로, 의기
소침 ……. 기도는 어떤 정신상태, 내적 자질, 삶을 향해 열린 정
도를 반영하기 마련이다. 마이스터 에크하르트는 특유의 대담
한 필치로 그 점을 강조하고 있다. "신에게 매달려라. 그럼 모든
좋은 일이 그대에게 매달릴 것이다. 신을 찾아라. 그럼 신을 발
견할 것이며, 그와 더불어 모든 좋은 것을 찾게 될 것이다. 그렇
다, 바로 그러한 정신자세를 통해 그대는 반석을 디딜 수 있을
것이고, 이는 자신의 이익만을 생각하느라 의연하지 못한 정신
상태로 주의 몸을 영하는 경우보다 훨씬 더 신의 섭리에 가깝다
할 것이다! 신에 매달린 자에게 신도 매달리리니, 모든 미덕이
그리할 것이다. 전에 그대가 찾던 것이 지금 그대를 찾는다. 전
에 그대가 내몰던 것이 지금 그대를 내몬다. 전에 그대가 피하

려 한 것이 지금 그대를 피한다. 그것이 바로 신에게 단단히 매달린 자에게 신적인 모든 것이 밀착하는 반면, 신과 닮지 않은, 신에게 낯선 모든 것이 그로부터 떨어져나가는 이유다."[68]

정신 똑바로 차리고 이 점을 유념하면 된다. 과소비의 전당에 들어서면서 누구든 고삐를 늦추면 머리털 빠지는 건 시간문제라는 사실. 결코 만족할 줄 모르고 온갖 쾌락을 싼값에 사들이도록 사람 마음 부추기는 우리 내부의 욕구를 직시해야 한다. 구속에서 자유로워지고, 짐을 벗어 던지고, 장애물을 치우는 것 자체가 희열이다. 진정한 휴식과 만족은 지금 이 순간을 떠나서는 결코 누릴 수 없다!

· · ·

자신의
함량만큼

구명대에 매달린 조난자처럼 내가 초연함을 이토록 갈망하는 것은 마음의 갈증을 그만큼 강렬하게 느끼고 있다는 뜻이다. 물질은 일시적인 휴식만을 가져다줄 뿐이다. 허무로다, 허무! 모든 것이 허무로다! 드넓은 상가에서 만족을 찾을 거라는 믿음의 허무함. 매일 한 시간씩 비행기를 타고 하늘로 올라가 명상만 하면 인생의 온갖 트라우마와 불편한 감정이 훌쩍 날아갈 거라 생각하는 허무맹랑함.

그렇다면, 과연 무엇이 우리를 구원해줄까?

어쩌면 아무것도! 그냥 무방비 상태로 이 허무를 받아들이는 길밖에 없을지도 모른다. 급한 대로 결핍에 대한 임시방편의 해결책을 조작해내기는 불가능하다. 나는 나도 모르게 영적 치유를 '구매'하려는 나 자신의 모습에 깜짝 놀라곤 한다. 마치 물건 파는 가게라도 찾듯, 부처든 그리스도든 기웃거리고 있는 것이다. '안녕하세요, 여기 혹시 내가 찾는 물건 없나요?'

세상에 거저 주어지는 것은 없다. …… 무엇이든 자신의 함량만큼만 받을 뿐이다.

* * *

귀 기울이기

준화는 내게 가벼움을 가르치는 스승이다! 어제는 구원의 도구가 될 만한 것을 찾아볼까 싶어, 그와 함께 불교용품 판매점에 들어갔다. 그렇게 영성까지도 물건으로 만들어 거래하는 곳이 바로 세상이다. 준화가 특유의 활짝 웃는 미소를 지어 보인다. 어느새 나는 부정적인 생각 없이 무작정 삶을 긍정하고픈 기분에 젖어든다!

전에 보지 못한 선반이 불현듯 눈에 들어왔다. 사기그릇과 종鐘, 염주 그리고 각종 불상이 배열된 곳으로 나는 대책 없이 빠져들고 말았다. 한나라 시대의 멋진 전통 다기茶器가 정확하게 복원되어 있기도 했다. 약간의 찰과상(?)만 입었을 뿐 거기서 무사히 빠져나오자, 우리 둘은 누가 먼저랄 것 없이 웃어젖혔다. 산다는 것, 그것은 괴롭지만 대차게 웃어넘기는 것이기도 하다. ……

　그러고 보니 어느 스님이 제안한 간단한 수행법이 생각난다. 멘탈로 논평하기를 멈추고 무엇이든 안에 쌓아두지 않기. 어떤 사람이 자신을 판단하듯 지속적으로 누군가를 판단하다 보면 머지않아 그를 증오하고야 말 것이다.

　긍정을 향한 첫걸음은 지금 당장 긍정하지 않는 것부터 찾아내, 그것이 그리 큰 문제가 아님을 확인하는 것이라고 할 수 있다. 나는 오늘 아침 크게 화를 냈다. 아이들이 늑장을 부렸을 뿐 아니라, 빨간 보행신호가 켜지기 직전 아슬아슬하게 길을 건널 정도로 조심성이 없어진 것이다. 나는 작심하고 고래고래 소리 질렀다. 한데 잠깐만 나 자신에게 귀를 기울였다면, 아마 화를 낸다기보다는 엄청 겁을 집어먹고 있음을 깨달았을 거다. '너희들 그러다 죽으면 어쩌려고 그래!' 공포심이나 불안감이란 이따금 어처구니없는 방식으로 본모습을 위장한다. 따라서 우리 안에 일어나는 모든 사태에 제대로 귀 기울일 줄 알아야 한다.

　가끔은 세상에 둘도 없이 사랑하는 사람이 말할 수 없게 미워질 때가 있다. 실은 별로 놀랄 일도 아니다. 인간의 마음이란 워낙 방대해서 어떤 역설적인 현상도 일어날 수 있기 때문이다. 그럼에도 우려되는 이유는, 혹시라도 그 미움, 그 분노가 갈수록 두꺼워지고 단단해져 어느새 고질적인 원한으로 변질될까 싶어서다. 감전을 무릅쓰고 빨간 불 들어오는 전선을 내 손으로 차단할지언정, 가족에 대한 사랑을 유보하고 제한하는 일은 있을 수 없다는 건지 ……, 곰곰이 생각해볼 문제다.

인간의 마음이란 워낙 방대해서
어떤 역설적인 현상도 일어날 수 있다.

. . .

풍랑은
가라앉고

나 자신을 들여다본다는 것은 마음 깊숙한 곳을 찾아 내려가는 일, 사회화된 왜소한 나를 내버리는 일임을 종종 실감한다. 평소 '나'라는 존재는 온갖 덧없는 감정과 판단, 생각이 잡다하게 뭉친 덩어리에 불과하다는 것쯤 누구나 알 수 있다. 설사 그것으로 산을 쌓아봤자 연못의 잔물결에 지나지 않는다. 갈피를 못 잡고 헤매는 지금 나의 처지에서, 수행은 전적으로 고요한 연못을 닮는 일이다.

요즘 코린은 여주에 가 있고 나는 집에서 학교까지 오가는 경로를 이리저리 탐색하고 있다. 처음부터 곤란한 지경에 빠지지 않도록 한 번에 하나씩만 시도할 참이다. 교황 요한 23세께서 제안했듯이, 지금 내가 하는 행동을 위해 하느님이 오로지 나라는 존재를 창조한 것처럼 행동하는 것이 중요하다. 결코 어려운 문제가 아니다. 빅토린과 함께 있을 땐 전적으로 그 아이와 함께하고, 오귀스탱과 놀 땐 진짜로 재미나게 그 아이와 놀면 된다. 세 아이들이 동시에 크게 울어대며 나를 부를 땐, 약간은 놀라고 불안한 마음으로 그 순간을 충실히 살아내는 것이다. 말이라 쉬운지는 모르지만 ……

원래 실의失意는 결코 먼 곳을 배회하지 않는다. 스즈키 선사[69]는 명상하는 사람을 개구리에 비유한다. 연못가 개구리처럼, 명상하는 사람은 꼼짝하지 않고 의식 내에 떠오르는 모든 것을 최대한 평화롭게 주시해야 한다는 얘기다. 자, 그럼 자기 안에 개구리가 아닌 부분부터 관찰하는 개구리가 되어보는 것은 어떨까? 나는 그토록 많은 두려움을 감춘 내 정신의 잔물결을 조용히 들여다본다. 두려움은 나를 훌쩍 떠날 생각을 안 한다. 나는 눈 하나 깜빡하지 않고, 마치 개구리처럼 정지한 채 그것을 주시한다.

내가 태양 아래 확인한 허무가 또 하나 있다. 산다는 것, 그것은 고통을 겪는 일이다. 옳은 말이다! 그것도 모자라 자기 삶을 망치는 온갖 짓을 무릅쓴다면 ……. 나는 나 자신을 충분히 향유할 수 없게 하는 혹독한 장애를 겪고 있다. 그것은 나로 하여금 단순히 지금 이곳을 누리지 못하게 막는다. 감히 개구리의 자세를 취할 엄두조차 낼 수 없는 영혼은 많은 즐거움을 저당 잡힌다. 삶의 가벼움, 경쾌함을 영영 맛보지 못할 가능성마저 있다. 자신의 잠자리, 학교 가는 길, 각자의 일터를 하나의 평온한

연꽃으로 삼아보자. 개구리가 안전하게 거할 만한 곳으로 말이다!

스승님이 숙제를 내셨다. 가라앉은 풍랑에 관한 복음서 구절[70]을 묵상하라는 것이다. 예수님은 물이 들이치며 요동치는 배 안에서 고이 주무신다.

매일의 일상은 바로 그러한 배다. 나는 돌풍 속에서도 나 자신을 내려놓아야 한다. 움직임 속에 고이 쉬어야 한다.

. . .

떠있기

풍랑에 흔들리는 배 안에서 유유자적한다는 것은 결코 만만한 일이 아니다. 나는 수영강습을 받는 심정으로 일부러 난관이 닥치기를 기다린다. 그래도 지금은 자잘한 풍랑이 그리 오래가지 않고, 내가 부산을 떤다고 해서 더 빨리 지나가지도 않는다는 것쯤 잘 알고 있다. 그러나 모든 상황이 안 좋을 때 동요하지 않기란 얼마나 어려운가! 일단 구명보트가 물에 뜬 이상 저항하지 말고 몸을 맡겨야 한다. 풍랑 속에서도 얼마든지 떠있을 수 있다는 것을 알면 마음이 가벼워지고 편안해지면서 기운이 나기 마련이다. 하지만 어떻게 악순환의 고리에서 빠져나올 수 있을까? 떠있기 위해서는 믿음이 필요한데, 일단 떠있다는 걸 실감해야 믿음이 생기니 말이다.

하루 종일 침대에 처박혀 개구리 자세로 '떠있어' 본다. 아무

반응 없이 지나가는 파도와 경련을 관조하기 위해 연습이 필요하다는 것은 또 얼마나 웃기는 일인가!

피로에 맞서 싸우느라 오히려 기력이 소진할 수도 있다. 어떤 아침은 잠이 깨자마자 피로가 발목을 붙들고 놔주지 않는다. 아무리 도망쳐도 소용없다. 어딜 가나 피로가 따라붙는다. 그럼 하는 수 없이 내가 항복한다. 녀석도 배에 올라탔음을 인정하고 함께 나아가기로 하는 것이다.

· · ·

지금
누가 난리지?

오늘 아침 개구리 흉내를 낼 기막힌 기회가 있었다! 이웃집 아주머니 한 분이 내게 정체 모를 음료를 가져다준 것이다. 일종의 현미유 같은 것인데, 별로 먹음직스럽진 않았다. 그녀가 잠시 등을 돌리고 있는 사이, 나는 잽싸게 내용물을 창밖으로 던져버렸다. 그런데 아뿔싸! 그걸로 끝이 아니었다. 그녀는 돌아서서 내 잔이 빈 것을 보더니, 또 한 잔을 따라주는 것이었다. 이번에는 빠져나갈 구멍이 없었다. 한데 이것 봐라, 그 맛이 얼마나 좋은지 더 없는 게 아쉬울 정도가 아닌가! 모든 게 업보라 했거늘, 아침부터 저녁까지 삶을 꼬이게 만드는 이 어리석음이여!

비전秘傳의 교리를 읽고 좌선을 행하는 것, 그 엄청난 부담과 피로가 내게 이야기한다. 더 나아져야 한다는 생각과 계획, 내일의 강박에서 벗어나지 못하는 한 삶은 허무한 것이라고.

마음을 열고 무어든 받아들일 용기를 갖추자. 멘탈이 또 말
썽을 부릴라치면, 이 간단한 질문으로 녀석을 진정시키자. 저 위
에 무슨 일 났어? 지금 누가 난리지?

. . .

단순한 즐거움의
축제

완전히 페달을 놓칠 때마다 딸에게 물어본다. "내가 지금 긴장하고 있니 아니면 괜찮니?" 이때 딸애의 처방은 곧장 나를 진정시킨다. "아빠, 지금 긴장이 장난 아니야!" 그제야 속도를 늦출 때라는 걸 나는 알아차린다. 실은 늘 자각하고 있는 위험이 있는데, 끊임없이 그게 나를 지치게 한다. 바로 멈출 줄 모른다는 것. 왜냐고 묻지 않고서는 삶을 즐기질 못한다는 것.

나는 산 하나를 오르고 또 다른 하나를 오르고, 쉴 새 없이 산을 올라왔다. 그리고 지금 또 새로운 정상을 고집스럽게 탐하고 있다. 하지만 이런저런 일에 휘둘리지 않고 그냥 하루를 소중히 살면서 순수한 기쁨에 젖는 것은 그런 식으로 터득할 수 있는 미덕이 아니다. 어디까지나 자연스럽게 깨칠 일이다. 제자리에 잠자코 있지 못하는 사람은 자칫 어리석은 떠돌이처럼 쏘

다니다가 모든 걸 잃을 수도 있다. 좀 끔찍한 얘기지만, 나는 시련 속에 모종의 아드레날린 같은, 사람을 취하게 만드는 어떤 것이 있음을 발견했는데, 그건 만사가 순조로우면 사라지고 없는 무엇이다. 멘탈이란 바로 그런 것을 기억해 중독에 빠지기도 한다. 무언가 잡아먹을 새롭고 특별한 것을 원하는 것이다.

호메로스는 왜 고향으로 귀환한 영웅의 삶을 이야기하지 않았는가? 오뒤세우스는 아내 페넬로페이아와 아침, 점심, 저녁 어떻게 부부의 달콤한 사랑을 엮어갔는가? 혹시 고향 이타카가 그에게는 좁게만 느껴지지 않았을까? 한 손엔 낚싯대를 쥔 채, 다른 손으로는 정숙한 아내의 비단 같은 머릿결을 무한한 애정으로 쓰다듬는 그의 모습을 상상해본다. 다른 세계를 보러 떠나고 싶지 않았을까? 다시 한 번 바다로 나가고 싶지 않았을까? 나날의 일상에 충실하기 위해서도 역시 영웅심이 필요하다. 그렇다면 우리는? 우리는 매일 반복되는 일상을 어떻게 짊어지고 갈 것인가?

행복의 길 중 하나는 맥없이 빈둥대지 말고 시련에 의연히 맞서나가는 것이다. 또 다른 길은 속도조절을 하기 위한 노력과 용기가 필요한데, 무슨 대단한 걸 시도하기보다는 아무리 시시해 보여도 열정을 갖고 일상을 살아내는 것이다.

전사戰士의 휴식은 영감을 불어넣는 법이다. 자기만의 삶의 기술을 발견한다는 것은 대단히 중요하다. 지친 몸과 끊임없이 긴장한 정신은 우리를 손쉽게 지옥불길 속으로 던져 넣는다.

자제하지 말고 뻔뻔하게 잠자리로 뛰어들 줄 알아야 한다. 진정 나를 회복시켜줄 방법을 찾아야 한다. 금욕주의자는 단순성에서 즐거움을 취하는 자다. 그는 결핍 자체가 즐거운 사람이다. 반면 욕구가 앞선다면 금욕주의자가 아니다. 즐겁게 유유자적 하면서가 아닌 이상, 설불리 본능에 저항해서 무사한 경우가 없다.

단순한 즐거움의 축제, 소박한 휴식의 잔치를 만끽하는 것. 그것이 곧 황금률이다. 딱 5분만 아무것도 하지 말자. 아무것도.

전사戰士의 휴식은 영감을 불어넣는 법이다.

. . .

달리다
지치다

휴식을 '벌컥벌컥' 들이키려고 해본 적이 있다. 늘어지게 누워 이리 뒹굴 저리 뒹굴 하면서 말이다. 아니다, 나는 불안에 찌든 사람이 아니다. 다만 사람의 멘탈이란 늘 자기가 씹을 뼈다귀를 챙겨 가지고 있기 마련이다. 개구리 한 마리가 침대시트 한쪽에서 다른 쪽으로 풀쩍 뛴다.

정말이지 5분만 아무것도 하지 않고 늘어져 있는 것보다 지금 당장 휴식에 관한 논문 한 편을 쓰는 것이 내게는 더 쉽다! 나는 나 자신을 '프로그램 삭제'해야 한다. 나를 행위로 내모는, 내달리게 만드는 모든 조건을 직시해야 한다. 그리하여 아무 선입견 없이, 자동조종 모드로 작동하려는 이런 성향을 냉정히 들여다보아야 한다.

요 전날 나는 화장실에 급히 들어갔다가 문이 열려 있는 것

을 보았다. 거기엔 오래 전부터 선禪 수업을 같이 듣는 아주머니
가 이미 자리를 차지하고 있었다. 나는 잠시 얼떨떨했고, 또 깨
닫는 점도 있었다. 그녀는 전혀 놀라지 않았고, 불편해 하지도
않았으며, 창피해 하지도 않았다. 그냥 거기 있었고, 그뿐이었
다. 문득, 그녀에겐 모든 것이 신성할 수도 있겠다는 생각이 들
었다. 변기에 앉는 일까지도 ……. 좌선을 하듯 '볼일'을 볼 수도
있겠구나 싶었다. ……

도대체 나는 왜 침대만 보면 죽음을 떠올리는 걸까? 왜 축
늘어진 무기력 상태만을 떠올리며 스트레스를 받을까? 휴식이
란 어디까지나 살아있는 사람을 위한 것이다. 게다가 그걸 내
게 가르쳐준 건 아들이다. 언젠가 아이에게 자동차사고에 대한
주의를 준답시고 떠들다가, 멍청하게 얘기가 길어지고 말았다.
"오귀스탱, 나는 네 몸이 으스러지는 걸 바라지 않아. 요즘 자동
차에 부딪쳐 죽은 사람이 얼마나 많이 시체안치실에 가서 누워
쉬는 줄 아니?" 그랬더니 아이의 대답이 불쑥 튀어나온다. "하
지만 아빠, 죽은 사람들은 죽었기 때문에 쉴 필요가 없어요!" 그
런데도 나는 쉬는 걸 단순한 시간낭비라 여긴다. 일단 무덤으로
들어가면 쉴 시간은 충분하다고 생각하고 있으니 ……. 착각도
이만저만이다! 존재의 작은 조각조차 잃는 게 겁나 나는 달리고
달려, 결국에는 지치는 것이다.

쾌락을 지속시키는 방법을 배워볼까? 철저하게 산다는 것,
그 역시 속도를 줄이는 일이다.

남들을 따라가지 못하고 사회의 리듬, 그 정신 나간 막춤에

보조를 못 맞춘다고 해서 사람을 게으르다고 비난하는 태도는 여기서 굳이 언급할 필요도 없겠다. 녹이 기계를 먹어치우기 전에 마모의 조짐을 읽어내는 일이 중요하다. 달리기를 멈추어야 한다.

빠르게 추락하는 돌보다 사실 더 수동적인 것이 있을까?

존재의 작은 조각조차 잃는 게 겁나
나는 달리고 달려,
결국에는 지치는 것이다.

. . .

해탈에 이르는
급행노선

오늘 저녁, 솔직히 누가 누구를 때린 건지 나는 모른다. 하지만 셀레스트가 울고 있다. 나는 오귀스탱에게 타이른다. "너분명히 보디사트바[71]들한테 맹세했어. 그러니 얼른 용서를 구해. 그럼 괜찮을 거야." 하지만 아들이 거부한다. 하여, 나의 일장연설이 시작된다. "오귀스탱, 부처님과 예수님은 바로 그 용서를위해 세상에 오신 거야. 말 들어! 왜 고집부리는 거니? 솔직히그리 어려운 일도 아니잖아. 2분도 지나지 않아 너도 셀레스트도 다른 일에 열중해 있을 텐데 말이다!" 가슴속에 원한과 앙심을, 결국에는 우리 자신을 해칠 독소를 굳이 담아둘 필요가 있을까? 잘못을 인정하느니 차라리 죽는 게 낫겠다는 사람 심리는대체 무얼까? 아무튼 나는 생각을 이리저리 버무려 설교를 늘어놓는 재주가 출중하긴 하다.

얼마 지나지 않아 밝혀진 진실. 범인은 빅토린이었다! 나는 그 애를 억세게 잡아끌고 방으로 들어가, 공익에 이바지할 기회를 벌칙으로 준다. 내 책들을 정리하는 일과 내가 말하는 것을 받아쓰기. 나는 빈틈이라고는 전혀 없는 어떤 영적 교사가 나를 바짝 붙어 따라다니면서 일일이 챙겨주면 좋겠다는 생각을 할 때가 종종 있다. 그야말로 해탈에 이르는 급행노선을 탄 셈일 텐데 ……. 물론 그런 방식으로는 2주도 안 돼 나 못 살겠다며 울상일 것이 뻔할 테지만 말이다!

. . .

장의사
친구

오늘 아침 준화가 기차를 탔다. 그는 일자리를 찾아 서울에서 2백 킬로미터 떨어진 곳으로 떠났다. 멀어지는 그의 뒷모습을 바라보는데, 하늘에 거대한 슬픔이 지나간다. 벌써 그리움이 가슴을 찌른다. 다행히 오랜 직관이 내 영혼 속으로 스며들어 곧장 마음을 가라앉힌다. '모든 것을 네 맘대로 하려드는 너는 망할 놈이다!' 갑자기 휴대전화가 울려 받아보니 내 친구 조아킴이다. 이따금 신은 전혀 예상치 못한 곳으로 전령을 보내주신다. 우리는 그저 늘 열린 자세를 유지하고 있으면 된다. 믿음이란 어쩌면 평화나 치유, 행복 같은 것에 그만 매달리고, 왜냐는 물음 없이 뚜벅뚜벅 앞으로 걸어 나가는 일일지 모른다. 오늘 그토록 소중한 친구를 떠나보내면서, 나는 이별을 참지 못해 자꾸만 뒤돌아보고 싶어진다. 하지만 초연한 삶을 실천하기 위해 내가 지금 이곳에 와 있음을 상기한다. 당장 여기서 자유롭지 못하다면 앞으로의 발전 역시 기대하기 어려우리라.

힘이 되어준 존재에게 작별을 고해야만 할 시점은 언제든 오기 마련이다. 그래야 매순간 자신을 떠나, 순수하게 사랑을 할 수 있다. '떠남', 그 안에 모든 것이 담겨 있다. 놀랍게도 그것은 병이자 치료약이다! 무엇보다도 나는 가까운 사람들이 나를 떠나는 게 두렵다. 그런데 바로 그 떠남, 그냥 버려두는 것이야말로 두려움에서 조금씩 나를 벗어나게 해준다.

인생의 가파른 오르막길에서 나는 수많은 우회로를 넘나들었다. 몇 년 전 일이다. 하루는 저녁 무렵 귀가하면서 로잔 가衡를 거닐고 있었다. 뭔가 시간 때울 거리를 찾던 중, 우연히 생로크 시체공시소로 발길이 닿았다. 안 그래도 컨디션이 꽝이었는데, 그곳 광경은 내 기분을 아예 끝장내버리는 수준이었다. 아니나 다를까 아이들 생각이 났고, 걔들을 잃을 수도 있다는 상상이 내 몸 저 밑바닥에서부터 엄청난 불안감을 솟구치게 만들었다. 거북함을 떨쳐버리려고 나는 하늘을 향해 이런 엉터리 기도까지 하고 말았다. '주여, 다시는 저로 하여금 이곳에 발길을 들이지 않게 하소서!'

그로부터 몇 주 후, 나는 조아킴이라는 사람의 집에 초대를 받아 가게 되었다. 근데 건물 앞에 도착하자 나도 모르게 웃음이 터져 나오는 것이었다. 내가 다름 아닌 그 시체공시소로 걸어 들어가게 생긴 것이다! 그날 나를 초대한 사람 집이 하필 시체공시소 바로 위층이었다. 그도 그럴 것이, 그 사람 직업이 장의사였다! 엉터리 기도의 비효능을 완벽하게 증명할 필요라도 있었는지, 신은 내게 아주 제대로 된 한 방을 준비하고 있었던 것. 그 밤을 환히 밝힌 뒤부터 조아킴은 내 가장 친한 친구 중 하나가 되었다. 그리고 기도가 이루어지는 기막힌 방식은 지금도 여전히 나를 매료시킨다.

**믿음이란 어쩌면
평화나 치유, 행복 같은 것에 그만 매달리고
왜냐는 물음 없이 뚜벅뚜벅
앞으로 걸어 나가는 일일지 모른다.**

이후 나는 매주 수차례 영구차들 사이를 비집고 가파른 계단을 힘차게 드나들었다. 믿음을 터득한 셈이다. 결국 죽음은 내 인생에 자연스럽게 자리를 차지했고, 나의 기도는 상당한 변화를 겪었다. '주여, 저로 하여금 생로크에 자주 발길을 들이게 하소서!'

하이데거는 우리가 이미 유한성으로 빚어진 존재임을 명시했다. 죽음은 일상의 일부다. 나는 조아킴을 알고부터 죽음이 언제든 우리에게 엄습해올 수 있음을 직시하고 있다. 분주하게 맥주를 나르던 꽃다운 나이의 여종업원이 느닷없이 쓰러져 뻣뻣

한 시신이 되고만 사건에서처럼 말이다.

　한번은 서늘한 시체공시소 내부를 아무 생각 없이 눈으로 더듬으며 들어가 본 적이 있다. 거기서 노인, 젊은이, 남자, 여자들을 여럿 구경했다. 정말이지 거드름 피우는 존재인 인간의 종착역이 결국은 이곳이구나 싶었다. …… 아울러 겸허함을 가르치는 학교인 듯도 했다! 하지만 그게 다가 아니었다. 기쁨으로의 초대, 삶의 기적 또한 그곳을 통해 맛볼 수 있었다. 친구끼리 얘기지만, 나는 먼저 죽을 경우 조아킴이 내 시신을 맡아 처리해주었으면 하고 바란다. 그의 섬세한 기질과 감수성, 신앙은 언제나 나의 본보기다. 장의사에게서 믿음과 육체의 아름다움을 배우다니, 얼마나 황당한 이야기인가! 전에 한번은 그가 장갑도 안 낀 손으로 어느 노부인을 다루는 걸 본 적이 있다. 육신의 '기적' 앞에 넋을 잃은 채 나는 깡마른 몸뚱어리를 지켜보고 있었다. 마른 사과처럼 쪼글쪼글한 그 손도 누군가로부터 사랑 받고, 더없이 달콤한 키스와 애무를 받았으리라. 이가 다 빠진 그 입에서도 누군가의 가슴을 따뜻하게 해준 사랑의 밀어가 흘러나왔으리라. 인간의 삶은 신성하다. 우리의 몸, 우리의 손, 우리의 발, 우리의 성기, 우리의 입, 우리의 얼굴도 마찬가지.

　"근데 왜 장갑을 착용하지 않은 거야? 병에 걸릴까봐 걱정되지도 않아?"

　"이 여자는 불과 한 시간 전만 해도 남편과 아들, 손자들 품에 안겨 있었어. 내가 왜 굳이 장갑을 착용하겠어?"

장의사 친구 곁에서 나는 믿음이 무엇인지 배웠다. 준화, 조아킴, 베르나르, 로미나, 나의 스승님과 그 밖의 많은 사람들 그리고 나의 아내와 자식들, 이들 모두는 내 인생의 의사들이다. 그러니 내가 왜 떠나는 기차를 걱정할까?

・・・

자신을
등한시하기

비록 카카오톡이지만 우리는 서로 연락을 멈추지 않고 있다. 준화와 함께한 시간들, 그 소탈한 바보짓들을 통한 치유, 선의 엄격함을 누그러뜨리는 기분 좋은 중화제가 벌써 그립다. 하지만 노예상태나 우상숭배에 빠지지 않도록, 어떤 한 존재에게 애정의 독점권을 부여하는 일만은 자제하자!

서울에 살면서부터 나는 다음 문장을 마이스터 에크하르트식으로 이해하고 있다. "나는 너를 사랑해. 왜냐면 네가 필요하지 않아서야." 이곳에서 친구들은 내게 자주 이렇게 물어본다. "나 많이 보고 싶었어?" 솔직한 대답은 '아니'다. 그건 내가 그들을 사랑하지 않는다는 뜻이 아니라 그 반대다.

선이란 멘탈에서 탈피하는 것이다. 실재와 타인에게 제멋대로 투사하는 이미지에서 벗어나는 것이다. 있는 그대로 준화를 바라보고, 아이들을 지켜보는 것, 망상을 떨쳐버리는 것.

　준화의 빈자리가 워낙 크기에, 자칫 그리움에 사무쳐 하루 종일 추억만 되씹고 앉아있었을지도 모른다. 그러나 선禪은 곧바로 나를 일으켜 세워 행동으로 떠다밀고, 성큼성큼 목욕탕으로 발걸음을 인도한다.

　금욕수행이란 마음을 가라앉히는 역설 한마디로 요약될 수 있다. 즉, 자신을 등한시함으로써 자신을 돌보는 것.

· · ·

신의
기쁨

공중목욕탕에서 나는 죄의식에 대한 생각을 곱씹어보았다. 한 대학생이 이리저리 뛰어다니는 내 아들을 가만히 지켜보다가 문득 이런 말을 했다. "저런 순수성을 내가 다시 찾을 수 있다면 세상 모든 걸 주어도 아깝지 않겠어요. 성性에 대한 강박과 번민에서 자유로운 저런 동심 말이에요." 순간, 영성이라는 것을 마치 인간성을 벗어나 더 이상 고통 겪지 않아도 될 도피처 정도로 여기는 것이 얼마나 위험한 생각인지를 나는 실감했다.

선은 허구한 날 정신에 대해 이야기한다. 걸을 때는 걷고, 화장실에 갈 때는 화장실에 가라고. 우리의 행적을 놓고 끊임없이 토 달지 말라고 말이다. 예수는 그 분야의 대가다. 나 역시 멘탈보다는 몸 자체를 통해 하느님을 더 선명하게 느낀다. 만약 생각을 통해 신에게 다가가는 것으로 만족한다면, 생각을 그치는 순간 우리는 신에게서 단절될 수밖에 없다[72]라고 한 마이스터 에크하르트의 지적은 적절하다.

그러고 보니 옛날에 내가 아무 생각 없이 초콜릿 케이크를 사랑한다고 말하자 오로지 하느님만 사랑해야 한다며 잔소리를 늘어놓으시던 수녀님들이 생각난다. 아무것도 모르는 꼬마였던 나는 그때 괜한 죄의식에 사로잡혀 슬픈 눈을 접시 위로 떨구었다. 나는 욕조 안의 오귀스탱을 가만히 바라보면서, 예수가 모랄리스트가 아닌 구원자인 것에 희열을 느낀다. 부모의 소명 또한 교육자의 그것과 마찬가지로 자기에게 맡겨진 존재들을 자유롭게 만들어주는 것이다. 적어도 엄한 수녀님이 하느님의 기쁨에 대해 내게 깨우쳐준 것이 하나도 없다는 건 분명하다!

공중목욕탕에서, 사회적 압박을 훌렁 벗어 던지고 벌레처럼 알몸으로, 나는 기도도 하고 신의 온갖 꼬리표를 떼어내기 시작한다. 신에게서 더 이상 죄의식의 근원이랄지 영원한 징벌 따위는 보지 않기 위해, 내 기억 속 수녀님들의 비웃음과 비아냥을 모조리 쫓아내기로 한다. 베드로가 어망을 버리고 그리스도를 따라나섰을 때, 그는 삶의 즐거움을 단념한 것이 아니었다. 신에게 영광을 돌리고 신의 뜻을 실행하는 것은, 방금 내가 목욕을 하러 서슴없이 발가벗었던 것처럼, 나의 모든 상처를 떨어내는 것이다. 도대체 왜 하늘에 계신 아버지를 우리의 극히 사소한 잘못까지 일일이 체크하는 판관으로 취급한단 말인가? 우리가 아파해야만 즐거움을 느끼는 심술쟁이로 그분을 매도하는 이유가 대체 무언가?

기도란, 신을 있는 그대로 바라보기 위해 그가 걸쳐왔던 옷 가지를 벗겨 벽장 속에 차곡차곡 쟁여 넣는 작업이다. 내가 우리 아이를 사랑한다고 할 때, 나는 과연 누구를 사랑하는 걸까? 하나의 관념일까, 추억의 사진첩일까, 아니면 매일 눈앞에서 스스로를 펼쳐 보이는 바로 이 생명 자체일까?

복음서에서 예수는 왜 그토록 집요하게 물었을까? "베드로 야, 너는 나를 사랑하느냐?"[73] 자아도취가 심해서였다면 나는 벌써 그에게서 도망쳤을 거다. 나는 그리스도가 정말 순수하고 투명하게, 있는 그대로의 사랑을 할 수 있도록 우리의 눈꺼풀을 까뒤집고, 우리의 심장을 발가벗기려고 그런 말씀을 한 것으로 이해한다. 편견과 투사投射가 얼마나 큰 재앙을 불러오는지, 누군가를 진실로 사랑한다는 것이 얼마나 어려운지를 확인할 때마다, 나는 그리스도가 베드로를 변화시키고 순화시켜, 마음을 가볍게 해주려고 그런 질문을 했다는 생각이 든다. 그런 그분의 뜻을 따르려면, 매순간 육신과 영혼이 감응하도록 자유롭게 놔두어야 한다.

나는 새로운 상황에 과감히 적응해야 한다. 내가 가진 환상들에서 벗어나고, 이곳 서울 체류를 기회 삼아 순수한 사랑, 그 애덕愛德의 소명을 진정으로 살아내야 한다.

· · ·

아무개 씨

나 자신의 숙련을 위해 비장의 수단을 쓰기로 했다. 이타주의에 관한 마티외 리카르[74]의 두꺼운 책을 읽는 거다. 얼마나 비상한 통찰력인가! 그러고는 다시 복음서로 돌아온다. 영적 삶이 더 큰 사랑으로 귀착되지 못하면 졸지에 갇혀있음을 느끼고, 결국 제자리를 맴도는 꼴이 되고 만다. 환기換氣가 꼭 필요한 이유다!

마티외 리카르가 지적한대로, 텔레비전 시청자 한 명이 한 해 평균 이천 육백 건의 살인에 노출된다고 할 때, 그로 인한 정신적 오염을 어떻게 버텨나갈 수 있을까? 그 정도 규모의 대학살이면 타인의 불행에 대해 인간을 무감각하게 만들고도 남을 만한 위력을 가졌다고 본다. 오늘 아침에는 크리스티앙 보뱅의 『걷는 인간』[75]이 '아무개' 씨를 나의 이웃으로 바라보게끔 권유하고 있다. 하루 동안 내가 마주치는 아내와 아이들 그리고 모든 사람을 소홀하게 대하지 말고, 사랑하면서 구체적으로 도우라는 뜻이다.

지하철에서 아무개 씨란 곧 바구니를 들고 있는 저 소경이다. 그는 하모니카를 불고 있다. 그 많은 승객들 호주머니에서 지폐 한 장 나오지 않는다. 나야 말할 것도 없다. 이유는 모르겠다. 감히 그에게로 손을 뻗을 엄두가 나지 않는다. 하지만 모든 영적 전통이 손을 뻗으라고 권한다. 남을 돕다 보면 자신의 기분까지 지속적으로 좋아짐을 과학적으로 증명한 여러 연구결과들을 굳이 끌어다낼 필요는 없다.[76] 설사 비열한 계산이 깔려있다 해도, 남을 돕는 일에 담을 쌓는다고 좋을 건 별로 없으니까.

오늘 당장 왜냐는 물음 없이 무상의 행동에 나서보는 것은 어떤가?

오염의 파도가 도처에서 우리를 덮친다. 마티외 리카르는 프로이트가 피스터 목사에게 쓴 편지의 놀라운 문장들을 전하고 있다. 프로이트는 아무 스스럼없이 이렇게 쓴다. "나는 선과 악의 문제를 놓고 별로 고민을 하지 않습니다. 다만, 내가 살펴본 결과는 평균적으로 '선한' 사람이 극히 적다는 사실이에요. 그나마 내가 알고 있는 바에 따르면, 대부분이 그저 하층민일 따름입니다. ……"[77] 맙소사, 정말 대단한 사고방식 아닌가! ……. 나로 말하자면, 우리 안에는 불성佛性이 있다고 믿고 싶다. 숱한 번뇌와 두려움 너머 하느님의 왕국이 자리하고 있는 것이다. 그 샘물을 어떻게 밖으로 흘려 내보낼 것인가? 우리는 스트레스와 불신, 계산으로 인해 우리의 본질을 잃어버린 상태다. 저 깊숙이 온전하게 버티고 있는 사랑과 평화, 기쁨으로부터 우리는 얼마나 성급하게 떨어져 나온 것인지 모른다. 명상하고, 연대하며, 관대함을 실천하는 것은 바로 그 깊은 본질로 다시 내려가는 것, 뛰어드는 것이다. 나를 잊는 것이다!

하루하루 우리 가슴의 샘을 오염시키는 것들을 걷어내야 한다.

왜냐고 묻지 않는 삶, 그것은 무엇이든 증명하려고 하지 않는 것, 해명하지 않으면 안 된다는 생각을 버리는 것이다. 그리고 아무런 화답도 기대하지 않으면서 아무개 씨를 사랑하는 것이다.

지하철이 대흥역에 도착한다. 지금 여기, 엘리베이터에서 마주칠 이웃들에게 나는 무엇을 줄 것인가?

왜냐고 묻지 않는 삶,
그것은 무엇이든 증명하려고 하지 않는 것,
아무런 화답도 기대하지 않으면서
아무개 씨를 사랑하는 것이다.

. . .

순수한
사랑

순수한 사랑. 나는 그것을 눈물과 슬픔, 웃음과 기쁨이 한데 어우러진 오늘 이 신기한 저녁에 확실히 경험했다. 해맑은 아침의 나라에서 치르는 첫 번째 생일파티에 오귀스탱이 한껏 들떠있는 가운데, 스카이프의 신호음이 울렸다. 장모님께서 임종을 앞두고 있다는 소식이 별안간 날아든 것이다. 아내는 인터넷 전화로 한참을 통화하면서 울고 난 뒤에야 식탁으로 돌아왔다. 촛불 하나가 불빛을 비추는 속에서, 시무룩한 세 아이의 눈길이 아내를 향하고 있었다. 잠시 후, 엄마의 한없이 깊은 마음에서 올라오는 몇 마디 말이 우리 모두를 안심시켰다. "그래, 엄마는 너무나 슬프단다. 하지만 지금은 오귀스탱의 근사한 생일 케이크를 맛볼 시간이지. 지금 이 순간 그거야말로 세상에서 제일 중요한 일이니까." 어머니의 용기와 헌신, 섬세한 애정을 그 누가 헤아릴까? 우리 가족으로부터 수천 킬로미터 떨어진 곳에서 이제 모든 걸 떠날 때가 되었음을 알려온 그 여인을 우리는 그렇게 서글픈 기쁨 속에서 어느 때보다 가까이 느끼고 있었다.

. . .

일상의
연대

나는 선승들과 성인들 앞에서 항상 주체 못할 경탄에 잦아
드는 한편, 집에서는 지혜와 아량을 가르치는 최고의 학교에 출
석하는 기분이다. 가정과 가족은 당신의 에고를 무장해제 시킨
다. 그것도 아주 기꺼이!

몇 주 전이었다. 어떤 심각한 일 때문에 아내가 스위스로 돌
아가야만 했다. 코린과 셀레스트를 태운 공항 셔틀차량 문이 닫
히면서, 나는 달랑 아이 둘과 승강장에 남게 되었다. 순간, 머릿
속에 그토록 자주 떠오르던 후렴과도 같은 말이 힘이 되어주었
다. '혜천, 모든 것을 네 맘대로 하려드는 너는 망할 놈이다!' 한
달이 지나는 동안 우리 세 사람은 서울에서 용케 살아남았다.
무인도 생존 리얼리티 쇼에 출연한 아빠 신세라고나 할까 ·······.
내가 무척이나 감동한 점은, 상황이 그렇게 되자 주위에서 즉각

연대의 움직임이 자발적으로 일어났다는 사실이다. 그토록 서로 다른 사람들이 하나같이 우리에게 스튜, 오믈렛, 토마토 샐러드, 참치 등등 온갖 먹을거리를 가져다주었다. 우리 세 사람은 그저 식탁에 얌전히 앉아 차려주는 음식을 맛있게 먹기만 하면 되었다.

• • •

나사렛
목수

어제 절에 갔다가 또 머저리같이 나를 정당화했다. "저는 기독교인입니다. 하지만 선禪을 수행하지요." 왜 '하지만'인가? 나는 말 그대로 그를 사랑한다고 왜 고백하지 못하는가? 프랑수아 모리악이 『예수의 생애』에서 이야기한 것처럼, 토라를 묵상하고 대패질을 하면서 청년기를 보낸 그 남자는 눈물 날 만큼 나를 감동시키고, 또한 깊은 환희에 젖게 만든다. 나는 부처 없이 살아갈 수 없다. 하지만 마음이 아플 때 내가 찾아가는 곳은 나사렛 목수의 품이다. 울고 화내고 급기야는 십자가에 매달려 이렇게 말하는 그리스도 ……. "하느님, 나의 하느님, 어찌하여 나를 버리셨습니까?"[78] 그분은 나와 하나가 되어주고, 나의 양식이 되어주며, 석가釋迦 족의 현자보다 훨씬 더 나를 자유롭게 해준다.

예수는 자기에게 오라고 나를 부른다. 자신의 멍에는 가볍다고 하면서 말이다.[79] 정말이지 지금 나는 너무 무거운 짐을 지고 있다.

일상이 내게 건네는 나무를 깎고 다듬으며 기도하는 것, 그것이 내가 할 일이다! 그리하여 나를 정당화하려는 이 유혹에서 홀가분하게 벗어나야 한다.

...

매순간
태어나고 죽기

서울에서 내가 택한 길은 나를 얌전히 놔두지 않는다. 준화는 떠났고, 삶의 지표는 여전히 아쉬운 수준이며, 의심과 불신이 하늘을 가리지 않으면서 신앙을 온전히 키워가는 데 늘 어려움을 겪는 지금, 모든 것이 나에게 당장 변하라고 말한다. 내 안의 영감쟁이를 빨리 끝장내라고.

양파 껍질 벗기듯, 영혼의 껍질을 벗겨내는 일 ……. 습관, 반사행동, 기계적 사고 등 나의 사회적 자아를 형성하는 것들을 벗어 던지는 일. 온갖 조건들, 꼬리표, 편견, 발가벗은 영혼으로 살아가는 것을 방해하는 나의 모든 겉치레 ……. 이런 것들을 들어내는 일. 그리고 이 고질적인 트라우마에서 벗어나는 일.

마이스터 에크하르트는 참으로 당당하다! 그는 오늘 아침 내게 엄청난 용기를 베풀어준다. "만약 영혼이 그 고유한 능력에 따라—천사의 형상이든 자신의 형상이든—여러 가지 형상을 관상觀想하고 있다면, 그 자체가 곧 영혼의 결핍이다. 만약 영혼이 신 자체 혹은 신의 형상을, 그것도 아니면 삼위일체로서의 신을 관상하고 있다면 그 또한 영혼의 결핍이다. 그러나 모든 형상이 흩어지고, 영혼이 오로지 유일한 일자—者만을 관상한다면, 그것은 발가벗은 영혼이 그 자체의 초연함 속에 자리한 초超본질적 존재, 발가벗은 신성의 형상 없는 존재와 만나는 것이다. 아, 경이롭고 경이로워라! 영적인 존재가 유일하고 순수한 신의 본질 말고는 어떤 것도 감내할 수 없다는 사실은 얼마나 고결한 아픔인가!"[80] '철학자', '작가', '잔머리만 들입다 굴려대는 뇌성마비 장애자', '걱정근심 많은 자', '가부장 나리'……. 다들 꺼져라!

구원을 위해서는 영적으로 일체를 벗어 던져야만 한다. 친구들, 이웃들, 무엇보다도 우리의 영혼, 우리의 시선을!

. . .

248

영적

탈의^{脫衣}

요전에 공동묘지를 거닐다가 '전직 의학교수'라고 새겨진 묘비를 보았다. 나라면 훗날 내 묘비에 어떤 글자가 새겨지길 바랄까? 한 가족의 가장이자 장애인이며, 철학자이자 근심 많은 남자? 발가벗는다는 건 이런 모든 꼬리표를 떼어낸다는 뜻이다. 내가 남겨둘 만한 것이 무얼까? 사람들이 장애라고 부르는 무거운 갑옷?

매순간 마음속 표상을 단념하는 것이야말로 가장 까다로운 금욕수행이다! 가령, '내가 그랬어야 하는데'라는 생각이 떠오르는 순간 고통이 시작된다. 왜냐는 질문 없이 앞으로 나아가는 것은 순간순간 태어나고 죽는 것이다. 어제의 낡은 알렉상드르는 너무 작아진 옷과도 같아, 자진해서 벽장 속으로 걸어 들어가야 한다. 삶을 산다고 할 때, 옷가지가 거슬려서는 말이 안 된다.

249

이처럼 영적 탈의를 감행한 사람으로 아시시의 성 프란체스코가 누구보다 유명하다. 소싯적 프란체스코는 다름 아닌 포목상의 자식으로, 맞춤외투와 기사망토, 형형색색 반짝이는 장신구를 내다 파는 일에 종사했다.

쥘리앵 그린은 프란체스코에 관해 쓴 한 책에서 아버지와 성인聖人의 결별장면을 그리는데, 아들은 그때까지 외형상 자신의 부富가 되어준 모든 것을 공개적으로 아버지에게 돌려드리고 있다. '청빈부인淸貧婦人'의 연인으로서, 프란체스코는 영적 탈의 행위를 결코 그만둘 생각이 없다. "그는 입고 있던 모든 옷가지를 부리나케 벗어 하나하나 아버지 발 앞에 던졌다. 아울러 호주머니 속에 고이 간직하고 있던 빌어먹을 지갑까지 계단에 내팽개치는 것이었다. 결국 그는 태어난 순간과 마찬가지로 알몸상태가 되었다. 알몸으로 돌아감으로써 두 번째 탄생을 맞이한 셈이다. (……) 광인들에겐 원래 발가벗는 증상이 있기 마련이다. 그 역시 광기를 자각했고, 분노의 광기, 사랑의 광기가 치미는 것을 느꼈다. 그는 열광에 사로잡힌 채, 위엄이 우러나는 태도로 외쳤다. '모두 들으시오. 이제 나는 완전한 자유의 몸으로 「하늘에 계신 우리 아버지」를 입에 올릴 수 있습니다. 피에트로 디 베르나도네는 이제 더 이상 내 아버지가 아닙니다. 보다시피 나는 그에게 모든 옷가지와 돈을 돌려주었습니다.' 그런 다음 이렇게 소리쳤다. '나는 발가벗은 몸으로 주님을 만나러 갑니다!'"[81]

영혼의 길 위에는 쌓아놓을 일보다 털어서 치워버릴 일이 더 많다. 그것이 바로 복음서가 말하는 역설의 보배, 비논리적인 논리의 메시지다. 그것은 확신에 취해 잠든 우리의 통념에 강력한 충격을 가한다. 인간의 마음 깊숙한 곳에는 자기 자신보다 더 거대한 무엇이 숨어 있다. 호들갑 떨지 말고 그 깊은 바닥으로 내려가서, 만사가 요동치는 것처럼 보일 때조차 사랑과 기쁨, 평화 속에 고요히 머물 줄 알아야 한다.

'지극히 낮은 자'[82]의 길로 투신하기 위해 모든 것을 내던진 프란체스코 성인을 나는 너무도 사랑한다! 그는 아무 거리낌 없이 옷을 하나하나 벗어 던진다. 선하신 하느님 말고는 눈치 볼 대상이 없어졌기 때문이다.

잠자리에 들기 전, 작은 수행과제가 생겼다. 옷을 벗으면서 그와 함께 나의 모든 역할들, 관심거리들, 인위적인 태도와 걱정들을 하나씩 내려놓기! 그렇게 모든 것을 떠나, 우리를 온전히 책임지고 편히 쉬게 해줄 잠을 향해 걸어 들어가는 것이다.

· · ·

본성의
재발견

프란체스코 성인의 완전한 기쁨이 어떻고, 마이스터 에크하르트의 거부할 수 없는 초연함이 어떻고를 따지다 보면, 결국 왜라는 질문 속으로 다시 곤두박질친다. 이제 나는 어떤 목표를 좇아 방황하는 대신, 무작정 그들처럼 되기를 꿈꾸기 시작한다! 그들은 남이 어떻게 보느냐를 따지지 않고, 고민하느라 지체하지 않는다. 그냥 타인들에게 자신의 영과 육 모두를 바치는 것, 그것으로 끝이다! 그들 가운데로 파고들어, 그 투명함을 배우고 싶다. 우선 지체 없이 모든 걸 벗어 던져야 한다. 이 빌어먹을 승복바지까지! 옷을 벗는다는 것, 그것은 자신의 본성을 재발견한다는 뜻이다. 선에서 말하는 본래의 자기 얼굴 말이다. 우리의 가장 안쪽, 내면에서부터 삶을 다시 시작하기 위해 사회적 자아를 과감히 벗어나야 한다. 그 내밀함에 가 닿아야 한다. 그래야 겉모습이나 역할이 좌우하는 바깥이 아닌 근원에서 모든 행적이 자연스럽게 흘러나올 수 있다.

신학자 모리스 준델 역시 적지 않은 환상에서 나를 벗어나게 해준다. "우리가 타인에게 무심하다는 것은, 우리가 타인의 입장이 되어보지 않고, 자신 안에 갇혀있으며, 우리 자신을 극복하지 못하고 있기 때문입니다. 그럴 경우 타인이란 진부한 존재일 뿐이며, 부여된 기능과 짜 맞춰진 유형, 억지로 뒤집어쓰는 가면인 사회적 얼굴을 취하게 되지요. 우리는 그 너머로 가 닿을 수 없고, 타인이 도달하려고 하는 근원을 확인할 수 없습니다. 그럴 만한 자격이 없기에, 우리는 타인의 본성에 접근할 수가 없는 겁니다."[83]

옷을 벗는다는 것,
그것은 본래의 자기 얼굴을 재발견하는 것,
우리의 가장 안쪽에서 삶을 다시 시작하기 위해
사회적 자아를 과감히 벗어나는 것이다.

내가 너무 많이 겪어서 도저히 말하지 않고 넘어갈 수 없는 문제는 바로 이거다. 내가 발가벗는다고 해서 반드시 남의 시선까지 벗어 던질 수 있는 것은 아니라는 점! 그런 점에서 공중목욕탕이란 얼마나 경이로운 학교인가! 그곳에 갈 때마다 아무런 수치심이나 판단 없이 드나들 수 있는 지상낙원에 발을 디디는 느낌이다. 거기서는 때 찌꺼기뿐 아니라 각종 노이로제, 자기혐오, 육체에 대한 멸시, 타인의 시선까지 모두 증발해버린다. 그런 의미에서 치유의 단순함이란 나를 항상 놀라게 한다. 무얼 보태는 것이 아니라 모든 걸 내려놓음이 핵심이다. 세상에서 가장 느긋하고 이완된 자세로 그 모든 사람의 발가벗은 모습을 처음 보았을 때, 나는 혹시 꿈을 꾸고 있지 않나 확인하기 위해 몇 번이고 눈을 문질러야 했다. 나의 모든 콤플렉스, 심리적 억압, 내가 신경 써온 모든 역할들, 억지로 부과된 책임들, 요컨대 내가 나이기를 방해해온 모든 것을 정면으로 응시하게 되었다. 몽둥이로 된통 한 대 얻어맞은 느낌이라고 할까. 지금껏 나는 백 퍼센트 장애인이었던 적이 없다. 하루 온종일 나를 교정하려 하고, 다른 누군가가 되려고 애썼다. 이젠 그 모든 것이 지긋지긋하고 지쳐버렸다 한들 놀랄 일이겠는가? 나는 길을 걸어가면서도 되도록 다른 사람들과 비슷하게 보이려고 갖은 애를 쓴다. 심지어 말을 할 때조차 발음에 각별히 주의를 기울인다. 이토록 끊임없이 사회적 교정에 신경 쓰는 일이 얼마나 혹독한 재난인지 그 누가 실감하랴! 덕분에 우리 아이들과 이웃에게는 '판단하지 않음'이라는 엄청난 선물을 줄 수 있게 되었지만 말이다.

깊은 잠과도 같은 습관에서 벗어나 새 출발을 할 좋은 기회는 다른 데서 찾을 필요가 없다. 창피하다는 생각을 버리면 된다. 우리는 발가벗는다는 것을 왜 꼭 섹스와 연관시키는 걸까?

발가벗은 몸뚱어리를 육욕과 외설, 방탕과 결부시키는 이유는 도대체 무얼까? 순결한 눈과 순수한 마음에 비추어 애매한 점이라곤 전혀 없다. 그냥 거기, 아무것도 탐하지 않는 상태로 존재하는 것이다. 순결이라는 말이 나왔으니 말인데, 폴 리쾨르라는 철학자의 다음 문장은 무얼 통제하고자 하는 의도로 경직되지 않으면서 나의 충동들을 수용하는데 큰 도움을 준다. "결국 두 존재가 서로 껴안고 있을 때 그들은 자신들이 무엇을 하고 있는지 모른다. 무엇을 원하는지, 무엇을 찾는지 또 찾았는지 알 수가 없는 것이다. 서로를 서로에게 밀어붙이는 이 욕망이란 도대체 무엇인가? 쾌락의 욕구? 물론 그렇다. 하지만 그것만으로는 구차한 대답이다. 왜냐면 쾌락을 느낌과 동시에 그 쾌락 자체에는 아무런 의미가 없음을 예감하기 때문이다. 쾌락이란 '표상적 表象的(figuratif)'인 것이다. 무엇에 대해 표상적인가? 지금은 그 우주적 조화의 의미가 많이 퇴색했으나, 섹스라는 것이 어떤 에너지 망網을 이루는 일부임을, 삶이 삶을 뛰어넘는 무엇임을 우리는 막연하면서도 생생하게 의식하고 있다. 다시 말해, 삶이란 죽음에 대한 투쟁 이상의 것이며, 운명의 그날을 유예하는 과정 이상의 무언가를 의미한다는 뜻이다. 삶은 어느 누구에게나 마찬가지로 유일무이한 것이고, 보편적인 것이며, 전부인 것이다. 성적 쾌락은 바로 그러한 신비의 일부를 이룬다. 인간 역시 삶의 강물에 도로 빠질 경우에만 윤리적으로, 법률적으로 개성화되는 존재다. 그것이 바로 성性의 진실이자 낭만주의의 진실이다."[84]

이런 해방의 말들은 나 자신을 너무 심각하게 생각하지 말라며 마음을 다독인다. 충동, 번민, 욕망이 원래 우리 것이 아니라고 한다. 그러니 태양 아래 실컷 즐기자.

성性과 신神, 타인, 우리의 내면은 가면과 금기, 편견으로 그 본모습이 가려져 있다. 수치심으로는 어디에도 도달하지 못한다. 섹스와 발가벗은 몸을 말하면서 나는 아담과 이브를 다시 생각한다. 금지된 과일을 건드려 원죄에 빠지기 전, 그들은 알몸으로 거니는 것에 아무런 불편을 느끼지 않았다. 그때까지만 해도 자신들의 배꼽을 신경 쓰느라 지체할 이유가 없었기 때문이다. 그도 그럴 것이, 그들에겐 배꼽이 없었다!

스스로 사는 모습을 꽁하니 들여다보면서 끊임없이 자신을 판단하는 우리의 이 고약한 습성에 대한 아주 그럴듯한 가르침이다.

몸의 이곳저곳을 악착같이 가리려고 하는 수치심, 그러면서도 아무에게나 닥치는 대로 화를 내고 비방하며 폭력을 휘두르는 우리의 몰염치에 관한 의미심장한 알레고리다.

· · ·

나 없는
세상

어제 나는 작은 수행법을 고안해냈다. 당혹스러운 상황에 직면할 때 갈피를 못 잡고 허둥댈 것이 아니라, 잠시 멈춰 심호흡을 하고, 그 장면을 사진 찍는다고 상상하는 거다. 앞으로 백년이 지나면 이런 상황조차 먼지투성이 다락방에 처박힌 낡은 사진 한 장으로 남을 거라 생각하면 당장 마음이 가라앉고, 모든 걱정을 상대적으로 바라볼 힘이 생긴다. 정말이지 나는 나자신을 너무 심각하게 생각한다! 관조觀照한다는 것은 나 없는 세상을 바라본다는 것이다. 마이스터 에크하르트는 신을 바라볼 때 탈의실에서 마주친 것처럼 보라고 권한다.[85] 다시 말해, 옷을 다 벗고 이름표나 사회적 역할을 모조리 떼어낸 상태로 만난다는 얘기다. 신은 그런 모습으로 다가와 관조하는 나의 영혼을 일깨운다. 그리하여 세상을 다른 시각으로, 마치 처음 보는 것처럼 다시 발견하게 만들어준다. 관조의 학교에 출석해 우리의 시선을 한 꺼풀 벗겨내기 위해서는 구체적 일상을 일일이 살아내는 것보다 나은 방법이 없다. 나날의 잡무, 가정생활, 장보기, 예기치 않은 상황들을 직접 부딪치며 헤쳐 나가는 것이다. 탐욕을 벗어나는 길에서는 세상만사 모두가 기회일 수 있다.

관조觀照한다는 것은 나 없는 세상을 바라본다는 것이다.

. . .

멘탈
주파수

내가 대흥동에 짐을 푼 것은 평화 속에 거하는 법을 배우고 싶어서였다. 스승님 말씀대로 "침묵 끝까지 가보고 싶어서" 말이다. 한데 동네를 한 바퀴 돌다보면 아침부터 저녁까지 온갖 객설을 쏟아내는 나의 멘탈 주파수 소리만 귀에 가득하다. 진력나는 참견들, 지금 이 순간에 대한 쓰디쓴 푸념들, 대책 없이 난무하는 넘겨짚기, 끊임없는 소란, 두려움 …….

나는 기도를 시작한다. 두 눈을 감으니 소음이 불어난다. 철 지난 뻔한 소리들, 다 낡아빠진 잔소리, 죄의식을 부추기는 잔말들이 내가 침묵하자마자 다시 고개를 드는 것이다. 이럴 땐 잘 알려진 지침이 여전히 효력 있다. 떠들게 내버려둬! 일어나는 모든 일을 판단하지 말고 그냥 지켜만 봐! 광막한 정신 속에서,

의식의 거대한 솥 안에서 그 모든 일이 발생하는 것을 그냥 보고 있는 거다. 솥 자체는 항상 멀쩡한 상태다. 세상 무엇도 그것을 망가뜨릴 수 없다. 솥은 모든 것을 받아들이고, 모든 것을 취한다.

의식은 거울과도 같다. 보석을 가까이 가져가면, 거울은 탐하거나 거부하지 않고 있는 그대로의 아름다움을 반영한다. 썩어가는 무언가를 들이대면 그 처참함에 충격 받지 않고 그냥 그 모습을 비추어 보이게 할 따름이다. 그것은 혹독한 번민이랄지 지진과도 같은 충격, 엄청난 심리적 혼란 속에서도 우리의 정신이 무너지지 않음을 보여주는 해방의 경험이다. 요컨대 어떤 시련도, 어떤 트라우마도 우리를 완전히 파괴할 수 없다. 의식의 솥은 내구성이 막강하다! 그것은 연약하기에 오히려 망가지지 않는 우리의 일부다.

. . .

피정 避靜 [86]

걱정거리들이 의식에 떠오르도록 그대로 방치하면서, 그것들이 조용히 사라져가는 모습 또한 가만히 지켜보는 일. 그것이 내가 줄기차게 시도하는 수행법이다.

안테나는 여간해서 파업하지 않는다. 기적이 일어나지 않는 한, 멘탈 주파수는 내가 죽는 날까지 자신만의 방송을 내보낼 것이다. 돌아버리지 않고서 그걸 어찌 다 듣고 있을까? 그래봤자 배경음악이라는 것은 알고 있다. 엘리베이터 안에서 지겹도록 흘러나오는 흔해빠진 멜로디 같은 것. 그걸 멈추기 위해 내가 할 수 있는 일이 무엇인가? 아무것도 없다! 단지 그것에 놀아나지 않고, 매일 수천 번이라도 제자리에 도로 놓아두는 걸로 족하다. '원하는 대로 실컷 지껄여 봐라. 상관없으니까. 떠들어대는 건 얼마든지 좋은데, 내가 네 말에 곧이곧대로 움직일 거

261

란 기대는 마!'

그놈의 골칫덩이 '멘탈' 앞에서 살짝 뒤로 물러나면[87] 그것이 곧 '데탕트'다. 하지만 멘탈 주파수에서 불안을 조성하는 헛소리를 토해내는 순간, 욱하는 심정에 나는 당장 녀석을 창밖으로 내던지고 싶어진다. 이놈의 배경음악을 꺼버려야 해! 난데없는 불법침입자가 남의 집 거실에 턱하니 들어온 형국이다. 우리가 음식까지 대접해가며 어떻게 놈이 떠나기를 기대할 것인가? 그렇다고 무력으로 내쫓으려 한다면, 십중팔구 불한당은 소파를 차지하겠다며 무슨 짓이든 불사할 것이다. 반면, 우리가 놈에게 전혀 신경 쓰지 않는다면 어떤 일이 벌어질까? 아예 무관심하고 더 나아가 초연한 태도를 취한다면, 그깟 성가신 불청객쯤 능히 처리할 수 있지 않을까?

수행에 정진하다보면 모든 장소가 우리 자신의 깊은 내면으로 뛰어드는 통로 역할을 해준다. 이를테면 버스 정류장, 상점에 늘어선 줄, 각종 대중교통수단들 ……. 그 많은 통신기기도 결코 방해가 될 수 없다. 언제든 자기 자신 속으로 침잠할 수 있다는 것, 글자 그대로 혁명이다!

처음에는 실패할 수도 있다. 그것도 적잖게 말이다! 과도한 심리적 동요가 하루 만에 고개를 숙일 리는 없다. 습관적으로 저지하다 보면, 곧장 권태가 따르기 마련이다. …… 괜찮다, 잠시 돌아가는 것뿐이다!

가능한 한 자주 피정을 해서 자기 근원과 하나가 되어야 한다. 그리하여 우리 안에 존재하는 인간적인 것 이상의 삶에 언제든 다가갈 수 있음을 자각해야 한다.

. . .

귀 기울여
듣기

한국의 지하철 안에서 사람들은 서로 말을 하지 않는다. 저마다 휴대전화만 들여다보며 게임을 한다. 서로에게서 도망치는 거다. 행선지는 가상의 친구들이 사는 나라. 사실 우리는 두 발로 걸어 다니는 동물답게, 침묵과 말 둘 다 필요한 존재다. 만약 속내이야기를 털어놓을 가까운 친구가 없다면, 조언을 구할 영적 스승이 없다면, 함께 웃고 나누고 발전해나갈 가족이 없다면, 나는 아마 미쳐버렸을 거다. 다만, 하이데거가 툭하면 '잡담'[88]이라 부른 것 속에 빠지는 것만은 피해야 한다.

한국어사전을 이것저것 구해서 뒤져본 결과, 나는 말을 배우려면 내 입부터 다물고, 많은 것을 귀 기울여 듣는 가운데 침묵요법을 실시하는 것이 우선임을 깨달았다. 우리가 대화하는 것을 가로막는 독소가 참으로 많다. 일단 너무 말을 많이 한다!

말의 소임은 우리를 서로 가깝게 하고, 다리를 만들며, 분쟁을 끝내고, 오해와 원한을 해소하는 데 있다. 실없이 떠들어대는 객설과는 아무런 상관이 없다. 영적 삶은 육체를 제대로 사용하는 것이기도 하다. 자신의 귀, 자신의 입, 자신의 배, 자신의 성기, 자신의 손, 자신의 발을 말이다.

준화와 같이 지내면서 나는 말의 힘뿐 아니라 말의 무게를 깨닫게 되었다. 타인과 가까워지는 데에는 수많은 방법이 존재한다. 준화와 나의 우애는 언어를 뛰어넘는 곳에서 태어났다.

영적인 수준으로 내려가는 사람, 눈과 귀를 크게 열고 진정으로 자기 이웃에 관심 가질 줄 아는 사람에게는 보다 심오한 합일이 가능하다. 이는 대화 자체를 이겨야 할 라운드처럼 생각하는 권투선수의 태도랄지 하이데거가 말하는 '잡담'과는 상관이 없다. 사람들은 예상하고, 해석하고, 미루어 짐작할 뿐 남의 말을 귀 기울여 듣지 않는다.

귀 기울여 듣는다는 것은 사실 그다지 명백한 행위는 아니다. 그 점에서 "말하는 것은 즐기는 것이고 귀 기울여 듣는 것은 죽는 것이다"라는 자크 라캉의 말에도 일리는 있을 것이다. 그렇다면 우리 주변에 더불어 살아가는 이들에게 귀를 기울임으로써 자신이 조금 죽는다 한들 마다할 이유는 또 뭔가? 모든 권력의지, 어떻게든 자기가 옳다고 하고 싶은 욕심을 파기해야 한다.

· · ·

세상의
소리

나는 귀 기울여 듣는 일도, 입을 다무는 일도 아직 익숙하지 않다. 말하는 법을 배우는 데엔 긴 세월이 필요하다. 하물며 입 다무는 법이야 말해서 무엇 하랴!

아발로키테슈바라(Avalokiteshvara)는 '관음觀音'이라는 한자어에 상응한다. '관觀'은 '보다'라는 뜻이고, '음音'은 '소리'라는 뜻이다. 즉, 우주의 외침을 듣는 자를 가리킨다. 타인을 위한 수행과 실천을 부르는 가르침이다! 구원을 향해 나아가는 것이 곧 존재를 위로하고 돕는 일임을 우리는 너무 자주 잊어먹는다.

간혹 신경이 무척 예민해지는 날들이 있다. 그럴 때 나는 아들을 불러 세상 소리에 귀를 기울여보라고 말한다. 귀뚜라미 소리, 구급차 소리, 바람 소리, 자동차 소리, 거리의 온갖 소음들, 아이 울음소리, 문 여닫는 소리 등등. 그렇게 귀를 기울이다 보면 정신에 여유가 생기고, 우리 자신으로부터 조금은 벗어날 수 있게 된다. 그렇게 함으로써 이웃에 더 많은 주의를 기울이게 되는 것이다!

침묵을 공허나 권태, 사막에 연결시키는 것은 얼마나 무지한 일인가! 침묵을 즐기는 것이야말로 체제에 변화를 주는 것이고, 패스트푸드를 그보다 훨씬 더 정성들인 요리로 바꾸는 것이다. 이 같은 감성은 스스로 터득하고 단련해나가야 할 것이다. 물론 그 과정에 삭막하고, 어둡고, 차가운 시간도 있을 것이다. 하지만 그 정도 돌아가는 것은 문제가 안 된다.

침묵이란 우리네 영혼이 그렇듯, 충만함인 동시에 공허함이기도 하다. 쓰레기처럼 뱉어내는 말들, 울부짖음, 욕설, 지루한 말싸움은 거기에 가 닿지 않는다. 침묵은 항상 순수한 상태로 남아있다.

일상의 소소한 치유법부터 조금씩 시도해보아도 좋다. 침묵하기로 다짐하는 것은 억지로 자신을 닫아거는 것이 아니라, 먼저 입을 다물고 세상의 소리에 조금 더 귀 기울이는 것을 뜻한다.

· · ·

고귀한
침묵

마티외 리카르는 말을 더 잘 사용하기 위한 유익한 가르침을 내게 주었다. 선禪에서는 개념과 잡담을 경계한다. 본질을 말하는 법을 깨치고, 어떤 경우에도 진실함을 유지하는 것. 현실을 위장하지 않음은 스스로 터득해야 할 과제이며 많은 용기가 필요한 일이다. 하루는 그와 더불어 산책을 하다말고, 나는 저만치 우리를 알아보는 어떤 여자 앞에서 잠시 얼떨떨해 아무 말도 못하고 있었다. 준비된 상태로 귀 기울여 들을 자세를 미처 갖추지 못했을 때, 횡설수설하거나 더듬더듬 진부한 말을 늘어놓지 않으려면 어떻게 해야 하나? 친구 왈, 누군가와 맞닥뜨렸을 땐 그냥 안녕을 빌어줌이 상책이란다. 나는 뻔뻔하게도 "당신에게 평화가 깃들기를!"이라 내뱉음으로써, 선禪의 실천을 과장된 표현에 싣는 것으로 입을 열었다. 그 일을 계기로 결국 모든 만남은 그 자체로 유일하며, 자유를 향한 새로운 도약의 기회임을 깨달았다. 건성으로 "안녕하세요" 하는 대신, "당신에게 정말 좋은 일이 있기를 빌어요. 오늘 하루를 평화와 기쁨, 사랑으로 알뜰하게 꾸려가기를 바랍니다"라고 과감하게 바꿀 줄 알아야 한다.

지하철 안에서 혹은 역의 승강장에서의 짧은 교류가 그러한 실천으로 우리를 이끄는 단초가 될 수 있다는 점이 나는 마음에 든다. 말이란 양날의 칼이다. 나쁘게 사용하지 않도록 주의하자!

또 다른 승려인 월폴라 라홀라[89]는 말과 침묵을 삶의 기술로 삼을 수 있게 해주는 도구를 건네준다. "바른 말이란 다음과 같은 것들을 삼감을 의미한다. 1)거짓말. 2)개인 간 집단 간 불화와 분쟁, 적의, 증오를 유발할 수 있는 비방을 포함한 모든 말. 3)거칠고, 투박하고, 무례하고, 악의적인, 욕설을 포함한 모든 언어. 4)태만하고, 무익하고, 덧없고, 어리석은 모든 잡담. 이처럼 해롭고 거짓으로 가득 찬 말들을 삼간 후에는 오로지 진실만 이야기해야 한다. 의의가 있고 유익한 말들, 온유하고 선의로 충만하며, 다정다감한 표현을 사용해야 한다. 경솔하게 말을 해서는 안 되며, 적절한 때 적절한 장소에서만 입을 열어야 한다. 유익하게 할 말이 없다면, '고귀한 침묵'을 유지해야 한다."[90]

· · ·

험담
흘려듣기

성깔 사나운 어떤 사람이 페이스북에 약간의 독설을 내뱉은 걸 가지고 나는 곧장 스승님께 달려갔다. 적절한 치유의 말씀은 역시 내 속을 신속하게 가라앉혀주었다. "혜천, 그런 사소한 험담을 오히려 즐기게. 그런 것들이야말로 자기중심적 태도에서 벗어나 여유를 찾게 해준다네. 모든 꼬리표를 떼어내, 오로지 하느님의 시선만이 중요하다는 것을 이해하게 해주지."

우리는 항상 고질적인 욕구에 시달린다. 남에게 평가받고, 사랑받고, 인정받고자 하는 욕구 말이다. 이와 더불어 아침, 점심, 저녁 스스로를 해명하지 않으면 안 될 것 같은 강박이 자리한다. 스승님은 내게서 크나큰 짐을 덜어주신다. "혜천, 세간에 떠도는 평판이랄지 소문, 남들이 뭐라고 하는지를 기초로 자네 자신의 정체성을 세우는 한 고통은 끝나지 않을 것이야."

이제 나는 호의적인 평판을 의거해 내 삶을 지탱하는 버릇을 자연스럽게 줄이고 있다. "혜천, 자네의 정체성은 매순간 하느님으로부터 오는 것이네. 자네는 일을 하는 장애인도 아니고, 만성불안증 환자도 아닐세. 그 모든 꼬리표들과 자네는 아무 상관이 없어. 더군다나 남의 눈에 어떻게 비치느냐로 자네 자신을 규정한데서야 말이 안 되지! 그리스도를 바라보는 눈길을 흔들림 없이 유지하게! 그분은 끊임없이 부정되고, 배반당하고, 버려지셨네. 하지만 그분의 정체성은 성부聖父로부터 부여받은 것이지."

그래서, 실은 내가 끊임없이 비틀거리는 중이고, 실망시킬지 모른다는 두려움 속에 살아가고 있음을 스승님께 털어놓는다. "이보게, 혜천, 우리는 영적인 길로 나아갈수록 스스로 초보자에 불과함을 절감하기 마련이네. 우리는 이제 겨우 기초과정을 맛보았을 뿐이야. 말하자면 자네는 지금 자신이 도달할 수 없는 이상理想을 남들에게 투사하고 있어. 그럼으로써 스스로를 심판하고 있는 거지. 그것이 자네를 불행하게 만들고 있네!"

하긴 이름도 모를 네티즌에게 나를 파괴할 권리를 쥐어주면서까지, 모든 이로부터 사랑받고 이해받고 대우받으려고 애쓴다는 것은 한마디로 미친 짓이다. 내가 무엇을 하든, 지금의 나와 내가 하는 일에 시비 걸 누군가는 어딘가 항상 있기 마련이다.

하느님이라 한들, 남의 험담이나 하는 쑥덕공론을 상대나 하시겠는가? 우리 자신에 대해 왈가왈부하는 이야기를 그냥 흘려버리고, 스스로에게서 벗어나도록 끊임없이 부추기는 자극제 정도로 삼는 경지에 오르는 것이 시급하다!

. . .

한국의
소크라테스

인생을 살다 보면 현실에 비추어 자신의 신념을 저울질해볼 오묘한 기회들을 접하기 마련이다. 예컨대 어제는 얼추 한국의 소크라테스 같은 사람을 만났는데, 내게 쉴 새 없는 질문공세를 펴왔다. 얼마 지나지 않아 딸아이가 귓속말로 이런다.

"아빠, 이 아저씨 좀 봐요. 지금 맥주 일곱 개째야!"

"여덟 개다. 괜찮아!"

다소 특별했던 그날의 '향연饗宴' 이야기를 이제 나의 영적 비망록에 담아두고자 한다.

"지금 당신은 영적인 삶을 깨치기 위해 서울에 왔다고 하는데, 도대체 그딴 게 무슨 쓸모가 있죠?"

"바로 그런 종류의 질문이 내 머릿속에 떠오르지 않게 하려는 겁니다. 왜 우리는 모든 걸 쓸모 있나 없나로 따지죠? ……
그냥 자기 자신으로 존재하면 그만입니다. 항상 다른 무엇을 욕
심내지 않고 말이죠. 그리고 이왕 하는 김에, 남들에게 조금은
더 너그러워지는 것도 좋겠죠."

"쳇, 나도 번듯한 일자리와 멋진 마누라만 있다면 얼마든지
그럴 수 있겠어."

"당신은 지금 당장이라도 그렇게 할 수 있습니다. 그건 따로
미루어둘 일이 아니지요."

"좋아요, 좋아! 아무리 그렇다 해도 매사 때가 있는 법이요.
마누라와 좋은 직장만 있다면 나도 맘 편하게 영적인 삶인지 뭔
지 당장 뛰어들 거란 말입니다. 그나저나, 도대체 그 영적인 삶
이라는 게 뭡니까?"

"일단 조금 더 깨어있는 것부터 시작하지요. 아침에 일어나
면서부터 우리의 생각들은 자동항법조종을 시작합니다. 그리
고 바지를 입기 무섭게 머릿속에서 마구 달리기 시작하지요. 지
하철을 타면 무작정 안으로 파고듭니다. 항상 다음 일에 정신이
팔려, 주위를 둘러보지 않아요. ……"

"사람이 생각에 빠져 명상만 하다보면 앞으로 나아가지 못
하는 법이에요. 병원에서 응급실 의사들이 머리만 굴리고 앉아
있다 생각해 보라고, 과연 어찌되겠어? 당장 사람 목숨을 구해
야 하는데 말이야!"

"하지만 명상을 한다는 건 수동적으로 가만히 있는 게 아닙
니다. 오히려 세상에 적극 참여하는 태도예요. 내가 지금 하고

있는 행동에 깊숙이 관여하는 겁니다. 응급실 의사로 말하자면, 명상을 통해 혼란스러운 감정이나 정신적 투사投射를 멀리할수록 닥치는 상황에 보다 기민하게 대처할 수 있지요. 개인적으로 나는 무슨 걱정거리가 있다든지 머리가 복잡할 때 놀이방에서 우리 딸아이를 돌보려고 하면 엄청나게 힘이 듭니다. 그러다 보면 꼭 실수를 하지요. 그러니 응급실 의사가 온갖 잡다한 생각들로 정신이 없다면 어떻게 될지 상상이 가겠지요?"

"그렇게 걱정거리들로 머리가 복잡한 상태에서 벗어날 시간이 응급실 의사에게 과연 있을까?"

"매일 15분의 영적 수행 정도는 누구나 할 수 있는 겁니다. 밥 먹고, 텔레비전 보고, 페이스북이나 카카오톡 하느라 버리는 시간을 생각해 보세요. …… 우리는 매일 아무런 이의 없이 이를 닦습니다. 그런데 명상에 필요한 단 5분의 시간은 생존이 달린 문제라 할 수 있어요."

"잠깐, 나는 지난 일주일 내내 이력서만 열 장을 쓴 사람입니다. 직원모집공고가 나올 때마다 꼬박꼬박 응했고, 영어강좌도 열심히 수강했어요. 삼성의 채용담당자 눈에 나라는 사람이 영적인 삶을 사는지 안 사는지가 조금이라도 중요하게 보일 거라 생각하는 거요? 저녁에 곤죽이 다 된 몸으로 집에 들어가 보라고. 우체통은 여느 때와 마찬가지로 텅 비어있고, 냉장고 안에 맥주만 덩그러니 당신을 반겨준다고 생각해봐. 외출해봤자 친구 녀석들이랑 어울리기나 하고, 이게 무슨 꼴이냔 말이야!"

"그러고 보면, 영적인 삶이라는 게 분명 사치일 수도 있겠죠. 아마 부당한 측면이 있을지도 모릅니다. 영적인 삶이라는 것이 결국 모든 사람, 특히 열심히 일하며 사는 사람을 위해 필요한 것임에도 마치 특권층의 전유물처럼 왜곡되어온 감이 없지 않아요."

"만약 당신이 보잘것없는 일자리만 전전하는데 주위에선 허구한 날 남자는 돈이 있어야 한다, 너는 왜 결혼 안 하느냐, 자식은 언제 낳을 거냐 들볶는다면, 그땐 어쩔 겁니까? 사실 내 친구 중 한 명은 중이 되려고 모든 걸 버렸어요. 스무 살에 스리랑카로 훌쩍 떠나버렸죠. 얼마 전에 그 친구를 다시 만났는데, 좀 부럽더구먼. 아주 침착하고 평화로워 보였거든! 그 친구 어머니가 최근에 돌아가셨는데, 며칠을 어머니 시신만 지켜보면서 지냈다는 겁니다. 그러다가 문득 깨닫기를, 현재 느끼는 슬픔이 어머니에게서 비롯된 것이 아니라 자신의 집착에서 오고 있더라는 거예요 ……. 그도 그럴 것이, 지금 어머니는 전혀 고통을 느끼지 않을 테니 말입니다. 이를테면, 어머니는 고통에서 간신히 벗어난 상태라는 거지! 문제는 추억과 그리움, 후회, 회한 같은 감정들이었던 겁니다! 그 친구는 어느 순간 그걸 깨친 거고. 하지만, 당신도 아다시피, 그게 하루 이틀 도 닦는다고 되는 일이 아니거든. 당신 같으면 당장 내일 모든 걸 내려놓고, 페이스북 계정도 닫아버리고, 어디론가 훌쩍 떠날 수 있겠어요? 분명히 말해서 내 경우는, 만약 내일이라도 당장 어머니가 돌아가시면 나도 미련 없이 이놈의 손목을 끊어버리겠는데 말이야!"

"그래요, 하지만 그런 상황까지 가지는 않더라도, 어쩌면 당신 어머니가 멀쩡하실 때 영적인 삶을 시도해보는 것이야말로 진정한 도전이 아닐까요? 당신이 다른 사람과 마찬가지로 직장을 구하면서 온갖 의심과 번민에 시달리고 있는 지금 말입니다. 내가 보기에 당신은 지금 당장 시작할 수 있어요."

"그러니까 구체적으로 그게 무얼 가져다주는데요?"

치즈 조각과 캔맥주를 늘어놓고 나는 지금 나만의 수업에 임하고 있는 셈이다. 반쯤 취했음에도 불구하고 나의 소크라테스는 굳건하다. 그는 나의 기계적인 대답을 하나하나 격파해나가고 있다. 자신을 뭔가 대단한 존재로 보려는 유혹은 늘 있기 마련이다. 하지만 그 누가 지혜를 독점할 수 있단 말인가? 지금 내 상대는 삶의 또 다른 방식이 가능하다는 것을 내게 주지시키고 있다. 아울러 나의 신념들, 나의 수행을 절대화하지 못하게끔 딴죽을 거는 중이다. 소크라테스와의 대화는 그렇게 밤늦게까지 이어졌다.

"『금강경』에 따르면, 우리가 듣고 보는 삼라만상이란 별과 허깨비, 이슬, 거품, 꿈, 번개, 구름과도 같은 것이라 했지요.[91]"

"당신이 회사에 2분 지각하고 나서 사장님께 그렇게 말해보라고! 그 앞에서 이슬이든, 거품이든, 번갯불이든 읊조려보시라니까!"

"무얼 이야기하고 말고가 중요한 것이 아니라, 집착하지 말고 그냥 지나가게 내버려두라는 얘깁니다. 인생에서 우리가 통제할 수 있는 것은 별로 없어요! 조금은 여유를 갖도록 노력해 보세요. 당신도 얼마든지 남을 위해 하루를 헌신할 수 있습니다. 남의 행복을 위해 진심으로 빌어줄 수 있단 말입니다! 먼저 당신에게 해를 끼친 사람들, 당신이 도저히 용납하기 어려운 사람들부터 시작해보십시오. 분명히 말하지만, 당신의 가장 지독한 원수, 당신한테 온갖 고생을 다 시킨 자에게 멋진 인생을 빌어준다는 건 정말이지 보통 일이 아닙니다."

"그래봤자 헛수고일 뿐이지!"

"하긴 생각하는 것 이상으로 우리 존재가 서로 제각각일 수도 있겠죠. 모르겠습니다, 그런다고 상대가 로또에 당첨되든지 인생이 놀랄 만큼 피어날지는 미지수일 테니까. 다만, 그렇게 빌어줌으로써 당신은 모든 앙금을 깨끗이 씻어내고, 분노와 상처로부터 벗어날 수가 있는 겁니다. 마음이 정화되는 것이죠. 더나아가, 구체적으로 매일 도움이 필요한 사람을 찾아 나서보세요. 그리고 주저 없이 그 사람을 도와주고 거저 베푸는 겁니다. 당신 스스로 직접 나서서 그렇게 하는 거죠!"

"당신 혹시 믿는 종교 있어요?"

"네, 기독교인이 되려고 노력 중이고 선禪수행을 하고 있습니다."

"아, 그러시군, 선이라! 그건 정확히 어떤 거요? 요즘 어딜 가나 선에 대한 이야기가 들리거든. 심지어 기업체에서도 말이죠. 그럴듯하게 좌선이다 뭐다 권하면서, 동시에 죽도록 일을 시킨단 말이지!"

"요즘 세상에 영적인 것을 도구화하는 경향이 있는 건 사실입니다! 그럼에도 불구하고 선이란 본질적으로 매일, 수도 없이 지금 이 순간으로 회귀하는 것이지요. 지금 이곳에서 당신이 듣는 것, 보고 느끼는 것은 무엇일까요? 가끔 좌선을 하다보면 상당히 지루하다는 생각이 들기도 합니다. 자꾸만 다른 곳, 나중 생각을 하는 거죠. 그런 모든 허상과 계획들, 내면의 마귀들이 내 목을 틀어쥔 채, 지금 이곳에 정확히 머무는 것을 방해합니다. ……"

"하지만 사람이 계획을 가지고 있다는 건 어떤 의미로든 훌륭한 거예요! 내 나이 이제 스물 둘이고, 앞으로 더 나아지고 싶단 말입니다. 내겐 목표가 있어요! 그게 뭐가 어때서! 나 아직 펄펄 살아있다고!"

"맞아요. 하지만 나처럼 당신 역시 지금 이 순간의 소중함을 누리지 못한 채 항상 최악을 걱정해야 한다면, 무언가 특별한 노력을 더해야 진정으로 행복해질 수 있는 겁니다!"

"다들 그렇게 살고 있어요. 그게 우리의 본질 아닙니까? 다소 불만족스러워도 그냥 받아들여요. 그러면서 틈틈이 인생을 즐기는 거지 뭐. 그게 아니면, 아무나 다 부처님이게 ……."

"그래도 나는 뭔가 다른 삶의 방식을 추구합니다. 조금은 덜 기계적인 삶이요."

"그것 봐요, 당신도 계획을 갖고 있잖아요! 어쩌면 나보다 훨씬 더 계획이 많은 사람이야!"

결국 그의 말에 내 입이 다물어졌다. 다행이었다. 오늘 내가 얻은 교훈은, 더는 말로 보상받으려 하지 말 것! 그 저녁, 다소 께름칙한 점이라면, 하느님을 입에 올리기가 왠지 거북했다는 사실이다. 불교수행에 관해서 나는 곧잘 떠들어댄다. 그런데 내 안의 신앙문제에서는 입을 다문다. 가끔 아이처럼 간신히 더듬 거릴 뿐.

・・・

두려움에 대한
불복종

한국을 불행한 나라로 평가한 기사를 방금 읽었다.[92] 곧바로 어제 만난 한국의 소크라테스가 생각났다. 기사에 따르면, 한국인의 우울증이 심각한 수준이지만 자칫 주위 사람이나 직장 상사에게 노출될 경우 해고당하거나 왕따 당할까봐 악착같이 문제를 숨기며 살아간다는 것이다. 우리를 갉아먹는 독소를 상식 이상으로 숨겨야 한다면, 그로부터 어떻게 벗어날 수 있단 말인가?

위대한 성자와 스승들은 잡다한 질문들로 꾸물거리지 않는다. 그들은 앞서 나아갈 따름이다. 나는 우리의 불행이 숙명이기보다는 하나의 징후에 불과하다고 확신한다. 진지하게 귀 기울여 들으라는 경고신호 같은 것 말이다. 우리 내면의 집이 불

타고 있다면, 혼비백산하거나 위험경보기를 끄는 대신, 즉시 소방관을 부르고 양동이로 물을 퍼올 일이다! …… 달리 표현하자면, 머리만 굴리고 있을 게 아니라 행동에 나서야 한다는 뜻이다. 내적인 번민은 언제나 위험이 도사리고 있음을 증언한다. 그러니 모조리 불타버리기 전에 행동에 나서자.

신 문제와 관련해 나는 아직도 너무 많은 영향력 속에 놓여 있다. …… '지극히 높으신 분'과 직접 대화할 엄두를 내지 못한 채, 그저 신학서적들만 달달 읽는다. 세상을 가만히 지켜보면, 거기엔 분명 다른 무언가가 있다는 생각이 든다. 다른 세상이 아니라, 나와는 단절된 바로 이곳에서의 충만한 삶 말이다. 아직도 진부하고 편협하며, 비위만 살살 맞추는 잘못된 신념들이 복음서를 얼마나 더럽히고 있는지 ……. 아무런 편견 없이 그리스도의 길에 뛰어들기가 어렵다.

고백하건대, 하느님에 대한 사랑이 항상 '네'라고 답하는 삶의 자세, 그 무한한 자유를 의미한다고 할 때, 내게 그런 사랑은 '마지못해 질질 끌려 다니는' 수준이다!

왜냐고 묻지 않는 삶을 살아가기 위해서는 순간에 귀를 기울여야 한다. 그리하여 심각함을 내세운 모든 정신에서 해방되어야 한다. 가정에서, 직장에서, 절망과 환희의 순간에, 신에게 귀 기울여야 한다. …… 모텔에서 준화와 함께 있을 때, 같이 샤워를 하며 킬킬대고 장난칠 때도 신에게 귀 기울여야 한다. 오귀스탱과 레고를 갖고 놀면서도 역시 신에게 귀 기울여야 한다.

오귀스탱은 오늘 아침 나에게 진정한 선禪을 가르쳤다. 그 아이를 붙잡으려고 쏜살같이 내달리는데 내게 불쑥 이러는 거다. "아빠, 이거 장난 아니다, 진짜 노는 거야!" 나를 살아가게 만들어주는 패러독스(paradox)를 누가 이보다 더 멋지게 표현해낼까? 행동하면서 자신을 내려놓는 것, 초연하면서 이웃을 사랑하는 것. 신비는 도처에서 우리를 방문한다. 바람은 어디서든 내키는 대로 분다.

신을 향해 나아간다는 것은
나 자신으로부터, 남의 평판으로부터 자유로워지는 것이다.
두려움과 분노, 정념과 에고에 복종하지 않는 것이다.

신은 개념들로 뭉친 잡동사니도 아니고, 거창한 무엇도 아니다. 성 토마스 아퀴나스도 하느님의 단순성을 논하지 않았는가.[93] 그런데도 멘탈이라는 것이 제멋대로 거기에 양념을 뿌려, 초월성과의 건강한 관계를 차단한다.

내가 죽어라 모든 것을 통제하려들 때 고통이 찾아온다. 잭 콘필드의 책 「부처 사용법」에는 20세기 명상의 위대한 스승인 아잔 차의 말씀이 소개되어 있는데, 아무런 계산 없이 신을 찾고자 할 때 많은 도움이 된다. "그대가 조금 내려놓으면, 그대는 조금 평화로워질 것이다. 그대가 더 많이 내려놓으면, 그대는 더 많이 평화로워질 것이다. 그대가 완전히 내려놓으면, 그대의 마음은 어떤 상황에서도 자유로울 것이다."[94] 그렇다면 나는 도대체 무얼 우두커니 기다리고 있는 거지?

복음서의 탁월한 논리가 바로 그런 데 있다. "누구든지 내 뒤를 따라오려면, 자신을 버리고 날마다 제 십자가를 지고 나를 따라야 한다. 정녕 자기 목숨을 구하려는 사람은 목숨을 잃을 것이고, 나 때문에 자기 목숨을 잃는 사람은 목숨을 구할 것이다."[95]

사실 나는, 우리를 피폐하게 만드는 모든 것의 정수를 담고 있다 생각해 이 구절을 무척 싫어했었다. 즉, 고약한 죄의식이랄지, 쾌락불능, 고통주의, 충만하고 즐거운 인생을 희생하는 따위 말이다. 오늘 이 구절은 나의 만트라이자 견인차다. 나는 의지주의와 영적인 계산을 통해서 내 목숨을 구하고자 한다.

루카 성인이 결국 모든 걸 까부순 셈이다. 행복을 포기하는 짓을 이젠 그만두자. 그리고 낡은 습관들, 현실성 없는 계획들, 비관주의, 죄라는 쓰디쓴 개념 자체에 작별을 고하여 당장 불행에서 벗어나자! 용감하게 발을 내딛는 자, 그리하여 '왜냐고 묻지 않는', 더는 자기중심적이지 않은, 더 이상 계산하지 않고 온전히 자기를 바쳐 사랑하는 삶에 투신하는 자는 행복하다![96]

침묵이 영적 삶에서 그토록 중요한 이유는, 바로 그 침묵을 통해 일체에서 벗어나, 무슨 일이 벌어지는지 직시할 용기가 생기기 때문이다. 우리는 침묵할 때 나 자신의 몸뚱어리, 멘탈, 역할, 말에서 자유로워진다. 기도한다는 것은 입을 다무는 것, 귀 기울이는 것 그리고 웃는 것이다. 나의 충동들, 항상 나서서 말을 하려고 벼르는 이 자아를 웃어넘기는 것이다. 부드럽게 깨어 있는 것이다. 피로와 걱정이 과중하다 싶을 때, 나는 일단 모든 것에서 기꺼이 떨어져 나와 침대에 엎어진다. 나 자신을 내려놓고, 불안해하는 알렉상드르를 그냥 그렇게 내버려둔다. 그러는 와중에 다시 태어나듯 생기를 되찾는다. 일련의 상황을 맞아, 나는 얼마나 많이 이런 거짓말을 해야 했던가! "잠깐 화장실에 좀 다녀올게요. ……" 실상은 그럴 때마다 이 족쇄와도 같은 나 자신을 깨트려버리러 간 거다. 나 자신을 깨끗이 떨어낸 다음, 훨씬 더 생기 있게 되살아나기 위해서 말이다.

잠깐만 생각해보면 누구나 결행할 수 있는 일이다. 지금껏 나의 삶을 주도해온 것이 무엇인지 자문해보자. 남이 무어라 할지에 대한 고민, 남의 마음에 들고자 하는 욕망인가 아니면 우리 깊은 내면에서 매순간 속삭이는 신의 부름인가? 자유롭다는 것은 바로 그러한 근원과 하나 됨이며, 그를 근거로 행동에 나서는 일이다.

어제 나는 지하철에서 또 다시 걸인과 맞닥뜨렸다. 그에게 돈을 쥐어주기 일보 직전에 나는 비겁하게 또 물러났다. 기차가 만원이었고, 그 모든 익명의 시선이 나를 바라볼 것이라 생각하자 마음에서 우러난 행동을 차마 할 수가 없었던 것이다. 물론 어디서든 다시 만날 일 없는 그냥 구경꾼들일 뿐이다. 그럼에도 나의 행동은 그들의 시선에 얽매여 있었다. 신을 향해 나아간다

285

는 것은 가장 깊은 곳에서 우러나는 목소리에 귀 기울이는 것이지, 멘탈이나 사회적 자아, 심지어 도덕에도 구애받는 것이 아니다. 사랑하고 성장하기 위해서는 나와 남 모두로부터 자유로워야 한다. 그것은 두려움과 분노, 정념과 에고에 복종하지 않는 것이다. 폭력과 편견, 어리석음에 대한 유연한 불복종운동이다. 나는 예수의 다음 말씀을 그런 식으로 멋지게 읽었다. "내가 세상에 평화를 주러 왔다고 생각하지 마라. 평화가 아니라 칼을 주러 왔다."[97] 모든 집착을 잘라내고, 우상과 망상, 투영의 목을 잘라 있는 그대로의 세상을 의연하게 직시하기 위해서는 금강석처럼 아주 잘 벼려진 칼날이 필요하다.

온갖 사념과 그에 따른 혼란으로 정작 삶 자체를 파고들지 못하다니, 정말 한심하지 않은가! 나는 지금도 '왜'와 '어떻게'를 물으며, 내 앞에 온갖 질문을 쏟아가면서 시간을 보낸다. 어린아이나 현자의 눈에 비추어 충분히 비웃을 만한 모습일 게다. …… 하느님이 어련히 알아서 훌륭하게 나를 빚어놓으셨을까! 그런 걸 이제 와 내가 일종의 매뉴얼을 짜낸답시고 고생할 필요가 있을까? 왜냐고 묻지 않는 삶, 그것이 전부다.

**모든 집착을 잘라내고,
우상과 망상, 투영의 목을 잘라
있는 그대로의 세상을 의연하게 직시하기 위해서는**

금강석처럼 아주 잘 벼려진 칼날이 필요하다.

. . .

맺음말

어느 한국인 친구의 말이 나를 안심시킨다. "에고 입장에서는 만사가 고통이지!" 왜냐고 묻지 않는 삶을 받아들인다는 것은 멘탈에서 치유책을 찾지 않는 것이다. 틈만 나면 걱정하면서 평화와 즐거움을 망치려드는 에고의 정체를 매순간 직시하는 것이다.

도대체 영성靈性이라는 것을 얼마나 도구화했으면, 웰빙이랄지 안락함의 일환으로 명상을 추구하게 되었는가? 물론 현세의 삶은 우리가 마지막 숨을 내쉬는 그날까지 삐걱대고 또 삐걱댈 것이다. 그럼에도 나는 또 다른 삶이 가능하리라는 것을 깨닫고 있다. 고통이 없진 않을 것이나, 그 고통과 더불어 말이다.

엄청난 소란 속에서도 나는 하루의 첫 몇 시간을 깊은 평화속에 보냈다. 오늘 아침 빅토린은 빗으로 장난치다가 귓속을 깊숙이 찌른 탓에 병원에 실려 갔다. 고막에 구멍이 나고, 작은 뼈가 어긋났다. 사소한 부주의로 엄청난 대가를 치른 셈이다! 결과는 전신마취에 한 시간 동안의 수술. 다시 한 번 세상의 고통과 연약함 앞에서 나는 곧바로 무장해제다. 여전히 외부에서 나를 지지해줄 무언가를 기대하는 이 허무한 욕심. …… 분명 모든 게 잘되었음을 알려올 아내의 전화를 기다리면서, 나는 다시 한 번 왜냐고 묻지 않는 삶을 이행하기로 한다. 본능적으로 빗자루를 집어 들고 청소를 시작한다. 쓰레기를 분류하고 집안 곳곳의 먼지를 떨어낸다. 일부러 전화기는 쳐다보지도 않고 완전한 믿음 속에 나를 맡긴다. 달리 어쩌겠는가? 그렇게 나는 명상하고 기도하고 또 쓰레기봉투를 분류했다.

30분이 흐르고, 다시 30분이, 또 다시 30분이 흐른다. 여전히 전화벨은 울리지 않는다. 아무 소식 없다! 나는 벌렁 드러누워, 지금 이 순간 고통을 겪는 모든 아이들에게 나의 명상수행을 바치기로 마음을 정한다. 눈앞에서 하늘의 거울이, 끔찍한 시나리오가, 두려움이, 안달 난 심정이 물 흐르듯 지나간다.

그러던 중, 코린에게서 날아온 문자 메시기가 나를 해방시킨다. 좋았어! 그제야 나는 병원으로 달려가 귀를 손으로 막고 한껏 약해져 있는 빅토린을 만날 수 있다. 수술은 잘 끝났다. 빅토린이 조금씩 깨어나는 동안 나는 주위의 들것과 침대들을 살펴본다. 여자가 신음하고 있고, 의사들이 바쁘게 뛰어다니는가 하면, 사내아이는 상태가 심각해 보인다. 존재의 불안정함이 시

야에 가득하다. 내 무기력함 앞의 모든 것이 나를 침통함으로,
분노와 반항으로 몰아가려 한다. 순간 하늘을 향해 이렇게 외치
고 싶다. '이런 무의미한 고통을 도대체 왜?' 빅토린이 몽롱한 눈
빛으로 나를 쳐다본다.

　　굳이 말해 지금으로부터 5년 전, 내가 우연히 어떤 방송을
접하지 않았다면 오늘 사람을 '수리하는' 이 대한민국의 '공장' 7
층에 와 있지도 않았을 것이다. 그날 그 라디오를 듣지 않았다
면, 선禪을 이야기하는 그 신부님 말씀에 흥미를 느끼지 않았다
면, 빅토린은 지금 이 순간 귀에 손을 갖다 대고 있지 않을 것이
고, 우리 가족은 '왜냐고 묻지 않는 자들' 속에 감히 끼어볼 엄두
도 내지 못했을 것이다. 나는 우리가 감행하고 있는 이 여정의
소명을 다시금 곱씹는다. '다음 일어날 일'의 지배로부터 벗어나
기, 자신을 단련하기, 자유로워지기, 존재의 깊은 곳으로 내려가
타인들, 헐벗은 이들, 이름 모를 아무개 씨에게 더 과감히 나 자
신을 내어주기.

　　아들의 친구 프랑수아가 방금 도착했다. 그 아이와 함께 우
리는 이리저리 돌아다니며 숨바꼭질을 한다. 큼직한 승강기들
을 옮겨 타다가 길을 잃기도 하면서, 우리는 깔깔대고 웃는다.
왜냐고 묻지 않는 삶의 서글픈 즐거움이 내게 밀려든다. 에고가
잠시 자취를 감춘 듯하다. 모든 게 제자리다. "아빠, 이거 장난
아니다, 진짜 노는 거야!"

머리에 붕대를 감은 소녀 한 명과 뇌성마비 장애인 한 명 그리고 우리 '프란체스코 형제'[98]와 그 아빠는 이제 각자의 보금자리로 돌아가기 위해 택시를 탄다. 이번에는 그런 대로 위기를 잘 모면한 셈이다. 삶이라는 거창한 선물은 거저 받을 만한 것이 아니다. 세상에 우리가 마땅히 받아 누릴 거라곤 아무것도 없다! 우리가 매일 아무렇지 않게 누리는 일상의 기적 앞에서 분노와 증오, 온갖 앙심은 저절로 말끔히 지워져야 할 것들이다. 이 작은 사건 덕분에 깊은 감사와 환희가 깨어나면서, 나는 계속 수행하며 가던 길을 갈 수 있는 새로운 활력을 얻는다. 왜냐고 묻지 않는 삶을 살다 보면 때론 위험할 정도로 제자리를 맴돌 수도 있다. 그럼에도 미래에 집착하기를 그치고, 남의 시선에 더 이상 얽매이지 않으며, 어디까지나 지금 이 순간에 거할 것! 신에게 전적으로 자신을 맡길 것! OK!

일기를 마무리하면서, 나는 한국에서의 이번 여정이 하나의 디딤돌에 지나지 않음을 묵상한다. 더 크고 과감한 도약을 감행해야만 한다. 신에게 완전히 나 자신을 바치는 것, 그리하여 이 놀라운 향연에 영혼과 육신 모두 참석하는 것. "네가 점심이나 저녁식사를 베풀 때, 네 친구나 형제나 친척이나 부유한 이웃을 부르지 마라. 그러면 그들도 다시 너를 초대하여 네가 보답을 받게 될 것이다. 네가 잔치를 베풀 때에는 오히려 가난한 이들, 장애인들, 다리 저는 이들, 눈먼 이들을 초대하여라. 그들이 너에게 보답할 수 없기 때문에 너는 행복할 것이다. 의인들이 부활할 때에 네가 보답을 받을 것이다."[99]

감사의 말씀

'왜냐고 묻지 않는 삶'. 그것은 본질적으로 남들 덕분에 살아가는 삶입니다.

나의 영적 스승이신 베르나르 신부님, 평화와 기쁨, 사랑 속에서 하루하루 나의 성장을 도와준 아내 코린과 아이들, 빅토린, 오귀스탱 그리고 셀레스트에게 마음 깊은 곳에서 감사인사를 건넵니다. 또한 해박한 조언과 우정, 무조건적이고 꾸준한 지지를 아끼지 않은 로미나 아스톨피에게도 고마움을 표합니다. 어머니와 형제에게도 감사의 뜻을 전합니다. 준화의 장난기 어린 지혜도 고마웠고, 기욤 장매르, 피에르 아브릴, 토마 리, 나탈리 리-쿠아예, 프레데릭 오하르디아스, 라파엘 부르주아, '돌밭' 공동체, 서강 대학교, 로시 법경, 선도회, 전구일과 민육일에게도 이 청명한 아침의 나라에 나를 따뜻이 받아준 데 대한 감사인사

294

를 드립니다.

베르나르 캉팡과 조아킴 샤뤼, 킴 메이, 주느비에브 프라이 등 삶의 높고 낮은 기복을 나와 함께하면서 날마다 무조건적인 사랑을 경험하게 해준 '참벗들'에게도 고맙다는 말을 전합니다.

아울러 크리스토프 앙드레와 마티외 리카르, 프레데릭 르누아르, 앙드레 콩트-스퐁빌께도 이 자리를 통해 심심한 감사와 우정의 뜻을 전합니다.

카리타스 수녀회의 믿음과 지원 덕분에 나는 꿈을 실현할 수 있었습니다. 감사합니다.

조제프 아그탕, 장필리프 바라스, 압드누르 비다르, 이자벨 빙젤리, 자송 보리올리, 뤼트 보베, 장클로드 뷔레르, 피에르 카루조, 자크 카스테르만, 피에르 콩스탕탱, 로랑 크랑퐁, 야니크 디볼드, 장마르크 리샤르, 장 프레, 질 주냉, 앙드레 질리오, 마르크 라부안, 리카르도 루프라니, 크자비에 말리, 에리크 망쟁, 피르맹 마누리, 에티엔 파라, 필리프 포조 디 보르고, 린느 라멜, 프레데릭 로스와 나탈리 로스, 나탈리 레, 도미니크 로조, 올리비에 로조, 존 슈미트, 에마뉘엘 타냐르, 프레데릭 테리, 이베트 토마사시, 스테판 바니스튼달, 올리비에-토마 브나르드에게도 감사인사 드립니다.

내가 오늘 한국의 태양 아래서 삶을 누릴 수 있는 건 피에르 뒤크레와 필리프 퓌레르, 숙희 그르모, 이정근, 김미지, 김민혜와 그 부모님들, 뤼크 르코르동, 가우덴츠 질버슈미트, 이영제 덕분입니다. 최영우와 김병욱은 제가 한국에 도착하자마자 형제처럼 저를 맞아주었습니다. 그들 모두에게 깊은 감사의 마음을 전합니다. 그리고 모베르네 가족이 보여준 우정과 지원에 크나큰 고마움을 표합니다.

소피 드 시브리와 올리비에 베투르네, 장클로드 기유보, 마리 르멜리고, 카트린 메이에, 안 뒤크로크, 제롬 타베 그리고 레오폴드 아당 등 출판사 식구들에게도 감사인사 드립니다. 그들은 나를 숱한 곤경에서 여러 차례 꺼내주었습니다. 그들의 노고가 없었다면 이 책은 빛을 보지 못했을 겁니다. 특히 에밀리 우앵에게 크나큰 고마움을 표합니다.

또한 제가 글을 읽을 수 있게 해준 '에투알 소노르', GIAA 그리고 BSR에도 감사인사 드립니다.

마지막으로 따뜻한 우정을 품고 제 글을 읽어주시는 모든 분들에게 가슴 깊은 곳에서 우러나오는 감사의 인사를 올립니다. 그분들은 제게 살아갈 의미를 주시는 분들이니까요.

내 친구
알렉상드르 졸리앙

알렉상드르 졸리앙과 내가 처음 만난 건, 2014년 여름 서울 서강대학교 근처에 위치한 어느 베이커리 카페에서였다. 그보다 1년쯤 전 이미 한국에 선을 보인 그의 대표작『나를 아프게 하는 것이 나를 강하게 만든다(*Petit traité de l'abandon*)』의 번역자 자격으로 나간 자리에서 나는 곧바로 그의 친구가 될 수밖에 없었다. 정말 인간인지 천사인지 분간이 어려운 아이 셋(빅토린, 오귀스탱, 셀레스트)과 케이크를 나눠 먹으며, 우리는 참 많은 이야기를 나누었다. 그는 친구를, 그것도 되도록 이 사회에서 홀대받는 소외계층 친구들을 사귀고 싶어했다. 그밖에 방한을 앞둔 프란체스코 교황 이야기, 한국에 체류하면서 집필 중인 새로운 책 이야기, 서울에서의 생활 이야기를 그는 장애로 인한 어눌한 말투로, 나는 빈약하기 짝이 없는 프랑스어 실력으로 시간 가는 줄 모르고 함께 나누었다. 261명 아이들 목숨을 거짓말처럼 삼켜버리고도 뻔뻔스럽게 화창했던 그 해 여름 대한민국의 수도首都 어느 아스팔트 위에서 그와 나는 또 만나자는 인사를 남기고 헤어졌다.

그로부터 다시 1년이 지난 2015년 여름이 되어서야 우리는 온라인을 벗어나 평창동의 한 갤러리에서 다시 얼굴을 마주할 수 있었다. 마테를링크 작품「꽃의 지혜」작업을 나와 함께 했던 조영선 화백의 작품전 초대에 그가 흔쾌히 응하면서 마련된 자리였다. 이번에도 그는 '인간인지 천사인지 분간이 어려운' 아이 셋을 모두 데리고 나왔다. 나는 그가 자식들을 혈육으로서만이 아니라 삶의 진정한 동반자적 인격체로서 존중한다는 것을 그때 알았다. 외국인임에도 불구하고 처음부터 동네 평범한 초등학교 학생으로 이국생활에 적응해온 빅토린과 오귀스탱. 그리고 역시 아파트 앞 어린이집을 아장아장 다니고 있는 셀레스트. 모두 다 천진난만하면서도 믿을 수 없을 만큼 예의 발랐다. 졸리앙 씨는 그림을 한 점 한 점 옮겨다닐 때마다 그 앞에 의자를 놓아가며 한참동안 말없이 앉아있었다. 조 화백의 꼼꼼한 설명에 이따금 입을 열어 질문하면서도, 대부분의 시간을 그는 자기만의 고요함 속에서 그림을 응시하고 있었다. 1시간 남짓 이어진 관람을 마치고 나서 우리는 멋진 정원이 있는 인근 카페로 이동했다. 목소리까지 스스로 낮춰가며 짧지 않은 시간을 잘 참아준 아이들은 연못을 갖춘 정원에 들어서고 나서야 일제히 참새처럼 재잘거리며 이곳저곳을 헤집고 다녔다. 한데 그것은 나의 철학자 친구 졸리앙 선생도 마찬가지였다! 아니, 아이들보다 어쩌면 더 천진난만했다. 아이들과 뒤섞여 뒤뚱뒤뚱 뛰어다니는 그의 모습은 영성靈性의 치열한 구도자이기보다 낯선 지상에 어쩌다 내려앉은 조금은 덩치 큰 새 같았다. 새처럼 자유로워 보였다.

알렉상드르 졸리앙. 그는 유럽 특히 프랑스에서 인간승리의 아이콘으로 통하는 밀리언셀러 작가이자, 무수한 방송과 강연을 넘나들며 '행복전도사'로 왕성한 활동을 벌이는 유명 철학자다. 그런 그가 갑자기 '모두가 자신을 알아보는' 그곳을 떠나 '아무도 자신을 알아보지 못하는' 이곳에 둥지를 튼 이유는 '진실로 내려놓는 삶'을 실천하기 위함이었다. 말 한 마디 통하지 않는 낯선 세계 한복판에서 척박한 삶의 일상을 온몸으로 밀어온 그의 진솔함은 이 책 『왜냐고 묻지 않는 삶』(처음 우리가 만났을 때 집필 중이라고 밝힌 바로 그 책!)에 기록된 그대로다. 이미 몇 권의 책이 번역 소개된 유명저자로서, 국내 유수의 출판사들이 앞다퉈 경쟁을 벌인 이 책의 판권을 그는 가장 작지만 순수한 열정으로 무장한 출판사를 선택해 넘겼다. 인터하우스 출판사 조성길 대표는, 저자가 계약조항 속에 번역자를 특정했다면서 내게 책의 번역을 의뢰했다. 그러니까, 수개월에 걸쳐 정성껏 번역한 이 책의 원고는 잊지 않고 친구를 기억해준 그의 우정에 대한 최소한의 보답인 셈이다.

2015년 11월 27일 성귀수

299

각주

1 「루카복음」, 9장 23절.

2 안젤루스 질레지우스(Angelus Silesius), 『방랑하는 천사(*Le Voyageur chérubinique*)』, 파리, 리바주 포슈, 2004.

3 「요한복음」, 14장 6절.

4 구약성서의 「전도서(또는 '코헬렛')」는 4대 복음서와 더불어 나를 가장 맑게 닦아내고 매순간 깨달음을 주는 가르침들을 담고 있다. 저자인 코헬렛은 이스라엘의 임금으로 등장하는데, 그가 내린 결론은 매우 급진적이다. 태양 아래 모든 것이 허무하다는 것이다. 코헬렛의 유명한 '비관주의'는 우리가 확실하다고 믿는 모든 것을 허물어버림으로써 저마다 신의 품안으로 홀가분하게 뛰어들 수 있게끔 해준다.

5 이 구절은 「전도서」 전체를 통틀어 서른 한 차례 이상 등장한다. 히브리어 '헤벨'은 '숨'이라는 뜻이며, 수증기나 빈 공간처럼 가볍고, 불안정한 모든 것을 의미하기도 한다. 비유적으로는 환멸, 어리석음, 망상, 부정(不正) 등을 암시할 수 있다.

6   「전도서」, 5장 12~15절, 9장 11절.

7   「전도서」, 3장 1~8절.

8   「전도서」, 7장 20절.

9   「전도서」, 2장 24절, 3장 12절, 3장 22절, 4장 6절, 5장 17절, 7장 3절, 9장 7절, 11장 7절.

10 루미, 『내면의 서(書)』, 파리, 신드바드, 1976.

11 마이스터 에크하르트, 『설교집』, 파리, 알뱅미셸, 2009. '젖소'는 '사람들에게 이용당하는 사람'을 뜻하는 비유다.

12 성 아우구스티누스, 『고백록』, 제3권.

13 헤로데 왕의 밀정을 뜻한다(역주).

14 「마태오 복음」, 22장 15절, 21절.

15 에밀 쿠에(Émile Coué. 1857~1926)의 자기암시요법.

16 「전도서」, 1장 13~14절.

17 「전도서」, 1장 15절.

18 「전도서」, 1장 18절.

19 클로드 뒤릭스, 『선(禪)의 이해를 위한 백 개의 열쇠(Cent clés pour comprendre le zen)』, 파리, 르 쿠리에 뒤 리브르, 1991. p. 184.

20 아고스티노 제멜리, 『아시시의 성 프란체스코가 현대세계에 보내는 메시지(Le Message de saint François d'Assise au monde moderne)』, 파리, P. 레티엘뢰 출판사, 1935, p.384.

21 마이스터 에크하르트, 『영적 대담(Entretiens spirituels)』, I. 파리, 세르, 2003.

22 많은 오해를 낳을 수 있는 만큼 무척 섬세한 개념이다. 산스크리트어로 원래 카르마(業)란 행하다, 만들다란 뜻을 가진다. 모든 행위는 좋든지, 나쁘든지, 이도 저도 아니든지, 어쨌든 그에 따른 결과를 낳는다는 의미다. 한데 이 움직일 수 없는 삶의 법칙에 압도되는 대신 우리는 이 개념으로부터 스스로를 능동적으로 변화시키고, 해방하고자 하는 의지를 이끌어낼 수도 있다.

23 마이스터 에크하르트, 『영적 대담』, Ⅲ.

24 샤를 페기(Charles Peguy. 1873~1914)는 가톨릭 사상을 대표하는 프랑스의 시인, 사상가. 대표작으로 희곡 『잔다르크』와 기독교 문학의 걸작 『샤르트르 성모에게 보스 지방을 바치는 시』가 있다(역주).

25 샤를 페기, 『순결한 성인의 신비(Le Mystère des saints innocents)』, 로잔, 메르모드, 1945.

26 예수회의 창시자인 이냐시오 데 로욜라의 저서 『영성수련』에 제시된 영적 현상의 체계적 식별법. 삶의 특별한 기로에 직면한 상황에서 바람직한 선택을 위한 원칙을 제공한다(역주).

27 paranirvâna. 부처가 도달한 완벽한 열반 상태로, 일말의 집착도 남지 않은 대자유(大自由)를 뜻한다.

28 사회적, 객관적으로 자신이 처한 위치에 따른 직무(역주).

29 ami dans le bien. 혜능 선사의 『육조단경』에 나오는 표현으로 불법의 이치를 깨닫고 이를 행함으로써 다른 이에게 감화를 주는 존재를 말함. 저자는 이를, 존재의 새로운 단계로 자신을 이끌어줄 안내자와도 같은 친구로 받아들인다(알렉상드르 졸리앙, 『나를 아프게 하는 것이 나를 강하게 만든다』 중 「나쁜 친구는 나를 완성시킨다」 참조)(역주).

30 십자가의 요한(1542~1591)은 에스파냐에서 활동한 신비주의자. 카르멜 수도회 소속 수사로서 온갖 박해를 무릅쓰고 수도회 개혁에 나섰고, 『영혼의 어두운 밤』을 포함한 심오한 저작들을 남겨 훗날 성인으로 추대되었다(역주).

31 십자가의 요한, 『카르멜의 산길(La Montée du Carmel)』, 파리, 쇠이, '리브르 드 비' 총서. n°114, 1995, 제1권, 11장.

32 마이스터 에크하르트는 '설교 47'에서 다음과 같은 예언자의 말을 그렇게 해석하고 있다. "나는 주님께 말했습니다. 당신이 나의 선함을 요구하지 않으시므로 당신은 나의 하느님이십니다." 마이스터 에크하르트, 『설교집』, 앞의 책.

33 3세기 경 주로 이집트 사막지대에서 고행수도한 수도자들을 일컫는다

(역주).

34 『사막 교부들의 금언(金言)들(*Les Sentences des Pères du désert*)』, 솔레슴, 1976, n° 655.

35 이 표현이 다소 무거워 보일 수 있을 것이다. 하지만 '자폐증'이라는 단어에 얼마나 많은 편견이 개입되는가. 별의별 경우에 다 써먹는가 하면, 요즘은 아무런 신조도 없이 오로지 사익에만 눈 먼 정치꾼들을 지칭할 때도 그 단어를 들먹인다. 정작 그런 장애를 앓는 가운데, 정상을 벗어난 모든 것을 배척하는 사회에서 하루하루 살아가는 사람들에게는 자칫 모욕으로 받아들여질 수도 있다.

36 「전도서」, 7장 23절.

37 마이스터 에크하르트, 『영적 대담』, Ⅲ.

38 에티 힐레숨, 『발칵 뒤집힌 인생(*Une vie bouleversée*)』, 파리, 쇠이, 1985 (1941년 8월 4일자 일기에서 발췌).

39 「루카 복음서」, 9장 23절

40 화두(話頭)라고도 한다. 선(禪)의 전통에서 '공안' 또는 '화두'란 우리의 의식을 합리성과 논리성으로부터 과격하게 떼어내 세상에 대한 전혀 다른 관점으로 들어가게 해주는 일종의 수수께끼라 할 수 있다. 즉, 우리는 '공안'에 집중함으로써 기존에 알고 있던 것을 버리고 온갖 편견과 투영(投影)에서 벗어나 궁극의 깨달음에 이를 수 있다(역주).

41 마이스터 에크하르트, 『영적 대담』, Ⅲ.

42 무문혜개(無門慧開), 『무문관(*Le Passe sans porte*)』, 파리, 푸앵 사제스, n° 297, 2014.

43 778년에 태어나 활동한 당나라의 유명한 선승(역주).

44 이 공안은 있다/없다, 좋다/나쁘다, 행/불행 등의 이원론에서 우리를 끄집어내 무(無)의 세계로 다가가게 해주는 것을 목표로 한다.

45 안겔루스 질레지우스, 『방랑하는 천사』, p. 61.

46 장 스미드, 『365일 선(禪)(*365 jours zen*)』, 파리, 르 쿠리에 뒤 리브르, 1999, p. 134.

47 불교의 팔정도(八正道) 중 하나인 '바른 말'의 원칙(역주).

48 니체가 『인간적인, 너무나 인간적인』에서 한 이 말은 아직도 내게 영감을 준다. "하루를 시작하는 가장 좋은 방법은, 잠이 깨는 순간, 오늘 최소한 한 사람을 기쁘게 해줄 수는 없는지를 깊이 생각해보는 것이다."

49 저자 자신의 법명인 '혜천(惠泉)'을 뜻한다(역주).

50 마이스터 에크하르트, 『설교집』, 앞의 책, 59번.

51 클레르보의 성(聖) 베르나르(1090~1153). 프랑스 디종 출신으로 시토 수도회를 창립했다(역주).

52 십자가의 성 요한은 『영성의 권고』에서 말하기를, 인내란 죽은 사람의 부활보다 더 확실한 징표라고 했다.

53 교황 요한 23세(1958~1963)(역주).

54 요한 23세, 『영혼의 일기』, 부르주, 세르, 1964, p. 200.

55 이노우에 키도(井上希道. 1940~). 『좌선 – 깨어남의 길』 등을 저술(역주).

56 이노우에 키도 선사, 『좌선입문』, 파리, 데르비, 1992, p. 110.

57 예수의 변모가 일어난 장소로 추정되는 곳(『마태오 복음』, 17장 1~9절, 「마르코복음」, 9장 2~9절, 「루카복음」, 9장 28~36절)(역주).

58 마이스터 에크하르트, 『영적 대담』, 14.

59 Jean Anouilh(1910~1987). 프랑스의 극작가. 『안티고네』가 대표작이다(역주).

60 장 아누이, 『종달새』, 파리, 르 리브르 드 포슈 1153호, p.101.

61 마이스터 에크하르트, 『영적 대담』, 23장.

62 안젤루스 질레지우스, 『방랑하는 천사』, p. 67.

63 「전도서」, 『모든 것에는 때가 있다(Un temps pour tout)』, 에르네스트 르낭 번역, 파리, 아를레아, 1990, 5장.(『구약성서』 「코헬렛」 3장 1~8절까지의 내용. 순서에 차이가 있다).

64 6세기 시리아에서 활동한 은둔 수도자. 수도자의 완덕을 담은 『성스러운 사다리』를 집필했다(역주).

65 성 요한 클리마쿠스, 『성스러운 사다리(*L'Échelle sainte*)』, 벨퐁텐 수도원, 2007, p. 337.

66 클로드 뒤릭스, 『선을 이해하는 백 개의 열쇠(*Cent clés pour comprendre le zen*)』, 같은 책, 열쇠 28.

67 앞의 책.

68 마이스터 에크하르트, 『영적 대담』, V.

69 스즈키 순류(1905~1971). 샌프란시스코를 중심으로 선불교를 정착시킨 일본의 유명한 선승.

70 「마르코 복음」, 4장 35~41절.

71 'Bodhisattva' 즉 '보살(菩薩)'. 여러 의미를 가진 말이다. 보통은 모든 중생을 구하는 일에 뛰어든 깨달은 존재를 뜻한다. 좀더 소박한 의미로는, 이웃을 돕고 고통을 접하는 즉시 치유토록 힘써야 할 우리 모두를 가리킨다.

72 마이스터 에크하르트, 『영적 대담』, VI.

73 「요한복음」, 21장 15절.

74 Matthieu Ricard. 프랑스 출신 과학자이자 승려로 달라이 라마의 불어통역관이기도 하다. '세상에서 가장 행복한 사람'으로 알려져 있으며, 티베트에 거주하면서 마음수행을 소재로 한 많은 명저를 남기고 있다.

75 Christian Bobin, 『걷는 인간(*L'Homme qui marche*)』, '오늘의 날씨(Le temps qu'il fait)' 출판사.

76 캐스린 E. 뷰캐넌 & 애넛 바디, 「친절한 행위와 고상한 행동은 삶의 만족감에 영향을 준다(Acts of kindness and acts of novelty affect life satisfaction)」, 「사회심리학저널」150호(3), 2010, pp. 235~237.

77 마티외 리카르, 『이타주의를 위한 변론(*Plaidoyer pour l'altruisme*)』, 파리, 닐 에디시옹, 2013, p. 411.

78 「마태오 복음」, 27장 46절.

79 「마태오 복음」, 11장 28~30절.

80 마이스터 에크하르트, 『설교집』, 앞의 책, 설교 83번.

81 쥘리앵 그린,『프란체스코 형제(*Frère François*)』, 파리, 쇠이, 1991, p. 107.

82 크리스티앙 보뱅,『지극히 낮은 자(*Le Très-Bas*)』, 파리, 갈리마르, 1995. 참조.

83 모리스 준델,『선택(*Choisir*)』, 36호, 1962년 10월, 주네브.

84 폴 리쾨르,「성(性) : 경이, 방황, 수수께끼(La sexualité: la merveille, l'errance, l'énigme)」,『에스프리』, 289호, 1960.

85 마이스터 에크하르트,『설교집』, 앞의 책, 설교36.

86 일상의 번잡한 삶을 피해 수도원 등에 거하면서 묵상과 기도를 병행하는 가톨릭의 수행법 중 하나. 여기서는 반드시 종교적 의미에 머물지 않고, 자신의 내면으로 침잠해 어지러운 심리현상과 멘탈을 들여다보는 모든 관조의 자세를 말한다(역주).

87 이것이 곧 '피정'의 근본적 의미다(역주).

88 'Gerede', '빈말'이라고도 번역된다(역주).

89 Walpola Rahula(1907~1997). 스리랑카 출신 학자이자 승려. 1964년 노스웨스턴 대학 종교역사학 교수가 됨으로써 서구사회 최초로 승려 신분으로 서구권 대학 교수가 된 인물이다. 대표작은『부처의 가르침(*What the Buddha Taught*)』(역주).

90 월폴라 라훌라,『가장 오래된 문헌에 따른 부처의 가르침(*L'Enseignement du Bouddha d'après les textes les plus anciens*)』, 파리, 쇠이, '푸앵 사제스' 13호, 1961, p. 70.

91 『금강경(Soûtra du Diamant)』, 파리, 파이야르, 2001, p. 74.

92 중앙일보,「코리아 중앙데일리」, 9월 18일자, p. 34.

93 성(聖) 토마스 아퀴나스,「하느님의 단순성」,『신학대전』, 제3문제, 파리, 세르, 1984~1986.

94 잭 콘필드,『부처 사용법(*Bouddha mode d'emploi*)』, 파리, 벨퐁, 2011, 제16장.

95 「루카복음」, 9장 18~24절.

96 13세기 베아트리스 드 나사렛(1200~1268)이 주창한 '왜냐고 묻지 않음'

의 사고방식은, 훗날 어떤 중개자나 왜냐는 질문 없이 단순하게 사랑을
실천하는 베긴회 공동체 운동의 표징으로 자리잡는다.

97 「마태오 복음」, 10장 34절.
98 프란체스코를 프랑스어로 쓰면 '프랑수아(François)'다(역주).
99 「루카복음」, 14장 12~14절.

La Bible Osty, traduction Osty et Trinquet, Paris, Seuil, 1973.

Jacques Castermane, *Comment peut-on être zen?*, Paris, Poche Marabout, 2013.

Saint Jean Climaque, *L'Échelle sainte*, Abbaye de Bellefontaine, 2007.

Philippe Cornu, Dictionnaire encyclopédique du bouddhisme, Paris, Seuil, 2001.

Claude Durix, *Cent clés pour comprendre le zen*, Paris, Le Courrier Livre, 1991.

L'Ecclésiaste, *Un temps pour tout*, traduction Ernest Renan, Paris, Arléa, 1990.

Suzanne Eck, 《Jetez-vous en Dieu》, *Initiation à Maître Eckhart*, Paris, Cerf, 2011.

Les Évangiles, *Les Quatre*, traduction sœur Jeanne d'Arc o.p., Desclée de Brouwer, Paris, 2011.

Fa-hai, *Le Soûtra de L'Estrade du Sixième Patriarche Houei-neng*, Paris, Seuil, 《Points Sagesses》 n° 99, 1995.

Julien Green, *Frère François*, Paris, Seuil, (1983)1991 ; 《Points Sagesses》 n° 325, 2007.

Etty Hillesum, *Une vie boulversée*, Paris, Seuil, 1985.

Jean X X Ⅲ, *Journal de l'âme. Écrits spirituels*, Bourges, Cerf, 1964.

J.K. Kadowaki s.j., *Le Zen et la Bible*, Paris, Albin Michel, 1992.

Enomiya Lassalle s.j., *Méditation zen et prière chrétienne*, Paris, Albin Michel, 1994.

Maître Eckhart, *Discours du discernement*, Paris Cerf, 2003.

Maître Eckhart, *Les Sermons*, Paris, Albin Michel, 2009.

Maître Eckhart, *Les Traités et le Poème*, Paris, Albin Michel, 2011.

Éric Mangin, *Maître Eckhart ou La Profondeur de l'intime*, Paris, Seuil, 2012.

Le Nouvel Testament, traduction Osty et Trinquet, Paris, Seuil, 《Points Sagesses》 n° 15 / Siloë, 1974.

Walpola Rahula, *L'Enseignement du Bouddha d'après les textes les plus anciens*, Paris, Seuil, coll. 《Points Sagesses》 n° 13, 1961.

Matthieu Ricard, *Plaidoyer pour l'altruisme*, Nil Éditions, Paris, 2013.

Sekkei Harada Rôshi, *L'Essence du Zen*, Noisy-sur-École, Budo, 2013.

Les Sentences des Pères du désert, Solesmes, 1976.

Angelus Silesius, *Le Voyageur chérubinique*, Paris Rivages poche, 2004.

Cyprian Smith, *Un chemin de paradoxe*, Paris, Cerf, 1997.

Soûtra du Diamant, Fatard, Paris, 2001.

성귀수 시인이자 번역가. 연세대학교 불문과 대학원에서 문학박사 학위를 받았다. 시집『정신의 무거운 실험과 무한히 가벼운 실험정신』, '내면일기'『숭고한 노이로제』를 펴냈다. 알렉상드르 졸리앙의『나를 아프게 하는 것이 나를 강하게 만든다』, 아폴리네르의『내 사랑의 그림자(루에게 바치는 시)』, 래그나 레드비어드의『힘이 정의다』, 가스통 르루의『오페라의 유령』, 아멜리 노통브의『적의 화장법』, 장 퇼레의『자살가게』, 모리스 르블랑의『아르센 뤼팽 전집(전20권)』, 수베스트르와 알랭의『팡토마스 선집(전5권)』, '스피노자의 정신'의『세 명의 사기꾼』, 조르주 바타유의『불가능』, 뤽 페리의『철학으로 묻고 삶으로 답하라』등 백여 권을 우리말로 옮겼다. 2014년부터 사드 전집(제1권『사제와 죽어가는 자의 대화』)을 기획, 번역해오고 있다.

왜냐고 묻지 않는 삶

한국에서 살아가는
어떤 철학자의 영적 순례

1판 1쇄 발행 2015년 12월 8일
1판 2쇄 발행 2016년 1월 10일
지은이 알렉상드르 졸리앙
옮긴이 성귀수
펴낸이 조성길
마케팅기획 이진아컨텐츠컬렉션
사진 남종현
펴낸곳 인터하우스

출판등록 제2014-000135호
주소 서울특별시 마포구 잔다리로 35 서운빌딩 403호
전화 02-6015-0308
팩스 02-3141-0308
이메일 inter_house@daum.net
ISBN 979-11-954353-1-9 03100